田卫民　张鹏杨　著

Research on the Tourism Industry coping
with the Impact of COVID-19

旅游业应对
新冠肺炎疫情影响研究

人民出版社

序　言

21 世纪以来,全球范围内重大突发事件呈频繁化、常态化发展趋势。例如,2001 年的"9.11"事件、2003 年的"非典"、2008 年的国际金融危机、2020 年的新冠肺炎疫情等对社会经济造成了严重影响。

2020 年伊始,新冠肺炎疫情迅速在全球蔓延,本次疫情成为新中国成立以来传播速度最快、感染人数最多、影响范围最广、应对控制最难的一次重大突发公共卫生事件。新冠肺炎疫情对于中国社会经济发展造成了巨大而深远的影响,旅游业、餐饮业、零售业、娱乐业等服务行业首当其冲。旅游业天然具有敏感性、关联性、综合性等特征,加之新冠肺炎疫情暴发突然、传染力强、波及面广,旅游业遭受的冲击将远超"非典"时期。在疫情冲击影响大、疫情防控常态化、全面恢复困难多等背景下,有必要系统调查新冠肺炎疫情对旅游业的影响,科学预判旅游业发展趋势,有针对性地提出应对建议。

在研究过程中,我们借鉴旅游学、经济学、管理学、心理学等相关理论与方法,围绕"影响—应对—演变—恢复"的逻辑思路展开,在对国内外重大突发事件对旅游业影响研究述评的基础上,系统分析了新冠肺炎疫情对我国旅游业的影响内容、影响程度,阐述了旅游业应对新冠肺炎疫情的措施、经验和启示,全面探析了宏观层面旅游业的演化规律以及微观层面旅游消费的变化趋势,最后提出了后新冠时代推动我国旅游业振兴的对策建议。

全书的编写队伍分工如下：第一章，张琴悦、章琴、林年容、苏季柯；第二章，张鹏杨；第三章，张鹏杨、刘岚；第四章，田里、普蔚；第五章，田里、刘秋婷；第六章，田里、高月；第七章，张鹏杨、李婧、黄蕊、张琴悦、章琴。田里提出了写作思路，张鹏杨设计了全书框架，张鹏杨、田里最后对全书进行了统稿、完善、修改。尽管在写作过程中作者认真揣摩、反复推敲，但由于学识有限、时间仓促，书中不免有疏漏、错误和不当之处，恳请各位读者予以批评指正。本书受到云南大学"双一流"部省合建重点项目——"云南省健康旅游目的地建设研究"的资助，在此特表示感谢！

田　里

2020 年 10 月 10 日于春城昆明

目　　录

第一章　重大突发事件对旅游业影响述评

　　2019 年底,新冠肺炎疫情突如其来,对人类的生命健康、教育发展、休闲娱乐,社会的工作生产、交通运输、经济金融等方面造成了系统性的负面影响,成为全球范围内传播速度快、感染范围广、影响程度深的重大突发公共卫生事件。旅游行业与其他行业的关联度强,对旅游流的依赖度高,因此在此次疫情中遭受重创,这引发了社会对旅游受重大突发事件影响的重新思考。在具体讨论新冠肺炎疫情对旅游业影响之前,重大突发事件的内涵与具体分类、旅游业受影响的过程与程度评价、旅游业危机防控与发展的应对措施、国内外文献中的研究热点与发展趋势都是需要进行概念明确和研究讨论的问题。基于此,本部分主要通过定义剖析和文献述评的方式,厘清研究的理论界限、明确研究的内容框架、总结研究的历史进程,进一步发现并提出研究问题。

第一节　影响旅游业的重大突发事件

　　21 世纪以来,随着经济、人口、资源与环境矛盾的日益加深,世界范围内重大突发事件成灾次数、经济损失和受灾人口明显增多。一方面,自然灾害的爆发呈上升趋势;另一方面,社会发展的加快使人为事故数量有所增长。在自然灾害方面,20世纪80年代以前的自然灾害数量较稳定,而80年代之后则在数量和破坏性方面都呈上升趋势。土地资源的过度使用造成地质灾害加重,植被破坏导致调蓄洪水能力降低,风沙灾害频发,自然灾害数量在20世纪90年代初达到顶峰。在人为事故方面,随着人口数量、流动频率和跨度增加,社会面临发展失衡、区域性差异增大的风险,高人群密集度使恐怖事件、火灾爆炸、踩踏事件等人为事故破坏力放大。突发事件的高发意味着"高风险社会"的临近,因此对突发事件的管理和控制成为维持社会稳定发展的必然要求。

一、重大突发事件定义

通过对重大突发事件相关文献进行分析,发现"重大事件""突发事件""安全事件""危机事件""公共事件""重大灾害"等关键词均有出现。在重大突发事件的定义中,存在着望文生义、概念混淆、一词多义、多词一用等情况。例如,秦建成将"突发"定义为"出人意料的事情";秦启文认为突发事件不仅"出乎意料发生",还会"造成严重危害且急需处理"。有学者直接将"突发事件"等同于"重大突发事件",也有学者将其区分为广义和狭义,认为广义的突发事件泛指一切给社会造成严重危害的事件,而狭义的突发事件是指突然发生的大规模危害严重的事件,并对政治、经济、社会安全造成扰乱。

(一)"突发"的定义

世界贸易组织和《中华人民共和国突发事件应对法》关于"突发事件"的定义被广泛接受。世界贸易组织认为,突发事件是指难以预料、突然发生且可能造成重大财产损失、人员伤亡(如地震、海啸等自然灾害)、生态环境破坏(如原油泄漏)或严重社会危害的紧急事件。《中华人民共和国突发事件应对法》中则将突发事件定义为"突然发生,造成或可能造成严重社会危害,需要采取应急处置措施予以应对的自然灾害、事故灾难、公共卫生事件和社会安全事件"。两个概念对突发事件的发生领域进行了界定,且均强调了事件发生的"突然性"。本章内容为了避免混淆,采用《中华人民共和国突发事件应对法》中关于突发事件的定义。

(二)"重大"的定义

在《中华人民共和国突发事件应对法》中,依照社会危害程度、影响范围等因素,将突发事件分为一般(由县级政府负责组织处置)、较大(由市级政府负责组织处置)、重大(由省级政府负责组织处置)、特别重大(由国务院负责组织处置)四级,分级标准由国务院或者国务院指定的部门制定。国务院在《特别重大、重大突发公共事件分级标准》中详细描述了重大及特别重大突发事件,其中"重大突发事件"的判别标准有三个:一是发生于数省(区、市)的多个市(地),或发生在省会等大中城市及其他敏感地区;二是造成多人死亡,或造成一定经济损失(死亡人数、经济损失量依事件种类有所不同);三是其他一些无法量化但性质严重,对社会稳定、经济建设造成重大影响的事故。

学者赵军锋在定义"重大"时,将其总结为跨层次性、巨成本性、多主体性。跨层次性是指重大突发事件的影响范围通常大于或等于2个县域或超过市域,且需要动用省级或以上的力量应对;巨成本性是指重大突发事件发生后需要投入巨大的人力、物力和时间成本;多主体性则指重大突发事件发生时,社会部分或全部应急措施失效。

二、重大突发事件类型

(一)按性质划分

按照性质划分,重大突发事件可分为政治性事件、经济性事件和社会性事件。政治性事件涉及各种外交事件的发生及国际关系突变,政治性事件会破坏国际旅游环境,包括破坏旅游目的地形象、削减国际旅游游客数量等。经济性事件包括金融危机、经济衰退等事件,经济性事件会改变旅游者的消费能力,影响旅游目的地产品价格等,从而改变国际上的旅游产品竞争力。社会性事件主要包括社会潮流趋势变化、国际文化冲突、信息误导等,它会引发消费趋势的改变,从而引起旅游产品目标人群、旅游消费群体或旅游目的地形象的变化。

(二)按范围划分

按照影响范围划分,重大突发事件可被分为地方性事件、区域性事件、国家性事件、国际性事件和全球性事件。地方性事件影响范围较小,其影响通常不会超过县、市或省等事件原本发生地的范围,也不易引起区域性或全国性的谈论或轰动。区域性事件的影响会跨越事件的原本发生地,扩散到相邻的县、市或省,并引起区域内群众的反响和讨论。国家性事件通常后果严重,在事件发生国内的影响重大,事件本身未必会对全国各个地区造成实际破坏,但可能会对该国人民的心理、态度造成影响。国际性事件会对多个国家造成打击,造成相邻多国或跨区域多国同时出现负面情况。全球性事件影响范围最大、性质最为恶劣,能够引起绝大多数国家的响应与应对。

(三)按成因划分

按照成因划分,重大突发事件可被分为人为引发事件与自然引发事件。人为引发事件是指由人为因素引起事件的总称,可包括经济危机、环境污染、工业事故等人为失误或错误导致的各类危机。自然引发事件是由自然因素引起的、通常为不可抗力的危机事件,例如地质灾害、气候灾害、森林火灾等不含人力干扰的危机事件。

(四)按内容划分

按照内容划分,重大突发事件可被分为自然灾害、事故灾难、公共卫生事件和社会安全事件四类。其中,自然灾害是指不以人的主观意志为转移的,即人力不可抗拒、难以控制的造成人身伤亡或物质损毁等重大损失的自然事件,包括气象灾害、生物灾害、地质灾害等。事故灾难是指由人为原因或技术性过错引发、造成重大伤亡或财产损失、产生较大社会影响、导致系统运行出现严重故障或瘫痪的紧急事件,包括民航、铁路、公路、水运等重大交通运输事故,公共设施和设备事故,环境污染和生态破坏事件等。公共卫生事件是指突然发生,造成或者可能造成社会公众健康严重损害的重大传染病疫情、群体性不明原因疾病、重大食品安全和职业危害以及其他严重影响公众健康的事件。社会安全事件是指在一定区域内,由于人为因素造成或者可能造成严重社会危害,并产生重大社会影响,需要采取应急处置措施的突发事件。一般包括重大刑事案件、恐怖袭击事件、涉外突发事件、金融安全事件、规模较大的群体性事件、民族宗教突发群体事件、学校安全事件、公共场合突发性骚乱以及其他严重影响社会安全的突发事件。

本节内容参考《中华人民共和国突发事件应对法》的分类标准,结合其他分类方法,选取与旅游业关联密切的事件类型,将重大突发事件分为自然灾害、事故灾难、社会安全事件、经济危机和公共卫生事件五类。

三、重大突发事件示例

(一)自然灾害

自然灾害类突发事件是由自然因素直接导致、在短时间内爆发并超过一定强度的突发事件。突发性自然灾害本身极具恐怖性,易对人们的人身安全、心理安全和旅游目的地安全造成重创,从而造成游客内心的恐惧、削弱旅游目的地形象,使游客的旅游信心下降。对旅游业影响严重的自然灾害包括 2004 年印度洋海啸、2008 年汶川地震等。

1. 2004 年印度洋海啸。2004 年 12 月 26 日,印度洋板块与亚欧板块交界处发生 9.0 级地震,遇难人数超 20 万。剧烈海啸冲击了南亚及东南亚多个国家,泰国、马来西亚、印度、马尔代夫等旅游大国受灾严重,旅游市场出现巨幅波动。泰国旅游局估计,约有 120 万游客由于海啸取消了行程,造成近 300 亿泰铢的旅游损失,还有许多游客改变行程前往未受海啸波及的新加坡,使得新加坡旅游业务量增加 20%。

2. 2008 年汶川地震。2008 年 5 月 12 日,四川省汶川县发生 8.0 级地震,地震破坏面积超过 10 万平方千米。地震破坏了汶川县绝大部分旅游景点,影响旅游安全,使交通业瘫痪,降低了景区的可进入性和游客的心理预期。受汶川地震影响,2008 年 5—12 月,北京游客减少 19.7 万人次,广东游客减少 33.8 万人次,浙江游客减少 17.4 万人次,四川游客减少 56.1 万人次,地震造成四川省旅游业直接损失 465.9 亿元。

(二)事故灾难

事故灾难指的是在生产生活过程中,由于人的生产或生活引发,造成大量经济损失或人员伤亡、环境污染的事件。事故灾难会对游客人身安全造成直接威胁,并影响旅游目的地的可进入性和游客对其信赖程度。对旅游业影响严重的事故灾难包括日本福岛核泄漏事件、上海外滩踩踏事件等。

1.日本福岛核泄漏事件。2011 年 3 月 11 日,日本福岛发生特大地震,引发海啸、核泄漏等一系列危机。核泄漏危机使日本进出口及旅游业受到影响,不仅使日本出口的食品销量下降,也使前往日本旅游的游客数量大幅下滑。同年 4 月 29 日,中国外交部发布旅游提醒,提醒游客"注意了解有关卫生常识及日本有关当局发布的信息"。

2.上海外滩踩踏事件。2014 年 12 月 31 日跨年夜活动时,近 31 万游客和市民聚集在上海外滩迎接新年,人群推搡导致有人在通往黄浦江观景台的人行通道阶梯处失足跌倒,进而引发多人跌倒、叠压和踩踏事故的发生,造成 36 人死亡、49 人受伤。这次事件被认为是一起对群众性活动预防准备不足、现场管理不力、应对处置不当而引发的拥挤踩踏并造成重大伤亡和严重后果的公共安全责任事件,显示出旅游区人群聚集存在的风险。

(三)社会安全事件

突发社会安全事件是指在社会安全领域发生的,因人为因素造成的,使人身、财产安全遭到威胁,社会秩序受到破坏,需要采取相关应急处置措施的危机事件。突发社会安全事件将造成严重的社会影响,一般会对旅游目的地的游客、居民人身财产安全产生威胁。突发社会安全事件往往会影响当地的社会稳定,进而波及旅游产品的吸引力,还会对旅游者的心理产生负面影响,改变旅游产品形象与旅游者流向分布。对旅游业影响严重的突发社会安全事件包括"9.11"事件、2019 年法国大罢工事件等。

1."9.11"事件。2001 年 9 月 11 日,多名恐怖分子劫持三架飞机,分别撞击美国世贸中心和国防部五角大楼,导致世贸中心大楼垮塌和五角大楼受损,遇难人数高达 2996 人。"9.11"事件打破了美国本土绝对安全的神话,对美国出入境旅游造成灾难性影响。世界旅游组织发布报告指出"'9.11'事件引起了信任危机",由于恐惧心理,航空旅行人数减少,美国航班上座率降低至 50%,各大航空公司纷纷进行裁员以压缩成本。

2.2019 法国大罢工事件。2019 年 12 月 5 日,法国政府对退休制度的改革引起了持续 5 周的全国性罢工,法国全境有超过 200 场示威活动,6000 名警察出动。大罢工事件造成法国 90% 的高铁停运,30% 的国内航班被取消,巴黎及其他重要城市的大部分地铁、公共汽车停止运行,国际列车和航班也受到影响,埃菲尔铁塔和卢浮宫等景点关闭,巴黎市酒店入住率下滑 25%。

(四)经济危机

经济危机也被称为"经济恐慌",是资本主义再生产过程中周期性爆发的生产过剩危机,一般表现为商品滞销、企业倒闭、生产下降、失业增多等。经济危机会影响居民的实际收入和预期收入,进而对其旅游消费产生影响。经济危机也会影响目的地国汇率,间接影响旅游产品的价格竞争力。对旅游业影响严重的经济性突发事件包括 1997 年亚洲金融危机、2008 年国际金融危机等。

1.1997 年亚洲金融危机。1997 年,国际投机商大量买进美元、抛售泰铢的行为使泰铢对美元汇率出现断崖式下跌。在泰铢汇率的影响下,东南亚国家纷纷出现货币贬值,旅游业不可避免地受到波及。泰国、马来西亚、印度尼西亚来华游客自1997年下半年平均每月分别减少25%、3.8%、10%。香港国际游客数量也受到波及,1997年11月游客数量同比下降9.4%。据中国国家旅游局统计,1998年上半年中国入境游人数下降2.4%,旅游收入下降8.9%。

2.2008年国际金融危机。2008年,以美国雷曼兄弟投资银行申请破产为标志,信贷紧缩和资产价值下跌通过银行系统传递影响至全球各国。金融海啸造成股市暴跌、企业倒闭、失业人数激增、收入减少,这使得人们取消旅行计划、缩减旅行开支,旅游业遭受致命打击。中国入境游客数量锐减,北京客流量减少约93.5万人次,广东减少约498.3万人次,浙江减少约97.5万人次,四川减少约57.5万人次。

（五）公共卫生事件

公共卫生事件指突然发生,造成或者可能造成社会公众健康严重损害的重大传染病疫情、群体性不明原因疾病、重大食品安全和职业危害以及其他严重影响公众健康的事件。公共卫生事件具有突发性、意外性、群体性或公共性、危害的严重性、处理的综合性、影响的深远性和系统性等特征。在旅游活动中,主要表现为旅游地出现突发性重大传染性疾病疫情,旅游团队出现群体性不明原因疾病、旅游团队因饮食不当造成食物中毒,以及因极端地理或气候出现的突发身体疾病等。对旅游业影响严重的公共卫生突发事件包括英国口蹄疫事件、非典型肺炎等。

1.英国口蹄疫。2001年2月19日,英国再次发现口蹄疫感染牲畜,到当年3月底,平均每天新增感染病例40例,此次口蹄疫爆发直到9月30日方才得以遏制,期间超过600万头牲畜被杀。口蹄疫对英国旅游业造成严重影响,2001年英国旅游业损失达到50亿英镑,2002年和2003年旅游业损失分别为25亿英镑和10亿英镑。疫情对英国的乡村及农场主题旅游影响最大,乡村地区被认为是不安全的旅游目的地。

2.非典型肺炎。非典型肺炎是由冠状病毒的一个变种引起的呼吸道传染病。2003年2月被世界卫生组织命名为"严重急性呼吸道综合征(Severe Acute Respiratory Syndrome)",简称为"非典(SARS)"。2003年初,"非典"在中国广东、北京、山西等地以至全球许多国家和地区相继爆发,覆盖面相当广泛。SARS爆发对中国旅游市场造成冲击,超过100个国家限制中国公民入境旅游,绝大多数国外旅行团也取消了中国旅行计划,仅4月份中国接待国际旅游数量就下降59.9%。2003年全年,中国国内旅游人数总计减少2.5亿人次,与2002年同期相比减少28.9%。

综上,本书将"重大突发事件"定义为:突然发生,造成或可能造成严重社会危害,需采取应急措施予以应对的自然灾害、事故灾难、社会安全事件、经济危机和公共卫生事件。从五类重大突发事件的特点来看,一般来说,自然灾害灾后重建时间长,会对灾区造成较长时间的不可进入性;事故灾难、社会安全事件影响范围较小,但能使游客产生对事发旅游目的地的长期抵触心理;公共卫生事件的影响范围可大可小,其中大流行传染性疫情的影响范围最大,影响旅游目的地可进入性时间最长,对游客造成的负面心理影响最强烈。

第二节　突发事件对旅游业影响评价

旅游业具有高敏感性、高关联性和高依赖性等特点,易受到外部突发事件的冲击和影响,一些微小的外部冲击都可能会对该行业造成较大的影响,从而导致当期出现明显的变化。旅游业发展受所处环境中政治、经济和文化等各方面的制约,因此外部环境改变会对旅游业的发展产生重大影响。近年来,国内外各类突发事件频繁发生,如2001年的美国"9.11"事件、2003年的"非典"、2008年的国际金融危机、2020年的新冠肺炎疫情等突发事件给旅游业发展造成了严重影响。

一、影响内容

（一）对旅游目的地影响

一是对目的地旅游资源的影响。旅游资源具有独特性、整体性等特征，多数实体性旅游资源也具有不可再生性，一旦旅游资源遭到破坏，可能难以恢复。二是对目的地旅游设施的影响。突发事件也可能会损毁当地的旅游服务设施，如旅游交通设施、旅游接待设施等。虽然大多数旅游设施可以通过重新投资来恢复，但是某些旅游设施本身也属于旅游资源，其重建过程不仅漫长，甚至无法恢复。三是对目的地旅游形象的影响。受突发事件影响而造成的旅游地形象改变，可能是旅游需求减少的一项重要原因。Gartner 和 Shen(1992)通过实证分析，验证了突发事件会对旅游目的地形象产生影响。Minkyung(2013)研究发现旅游目的地犯罪活动的发生，会使得旅游目的地的旅游形象变差，从而影响到旅游者对旅游目的地的选择。四是对目的地旅游经济的影响。突发事件爆发将导致旅游目的地经济陷入困境。例如，SARS 突发事件造成国内游客量减少达1. 28 亿人次，国内旅游收入损失高达 858. 44 亿元。

（二）对旅游消费者影响

由于旅游设施的集中、大量游客的聚集，突发事件的发生易将游客置于危险之中，会对前往目的地旅游的游客人身财产安全造成影响。国外学者 Faulkner 和 Vikulov(2001)认为无论是一些极端自然事件(如洪水、飓风)，还是恶意的人类行为(如战争、暴乱)，旅游地突发事件一旦发生对游客将是一场灾难。突发事件对旅游消费者的影响主要表现在：一是旅游安全感知减弱。突发事件发生和发展过程中的不可控性，是造成旅游消费者安全感知降低，引起内心慌乱的重要原因。突发事件爆发后，旅游者变得犹豫、怀疑或是变更目的地、放弃出行等。例如，学者们研究发现美国"9. 11"事件给人们的心理造成了极大的负面影响。二是旅游消费信心受到损害。由于旅游者面对危机事件本身的风险感知是有限理性的,突发事件会打击旅游者的消费信心。影响旅游者对危机事件的风险感知因素包括事件特征因素、社会因素、旅游者个体因素、个体关系因素等,旅游者往往会对突发危机事件产生反应过度的行为。例如,2008年中国汶川"5.12"特大地震使四川旅游业受到重创,短时间内游客丧失了前往四川旅游的信心。三是旅游消费需求下降。突发事件会影响客源地旅游消费能力、行为模式和心理预期,造成旅游需求市场被破坏。2008年国际金融危机时期,居民的实际购买力下降,首先压缩的就是旅游等非必需性消费。九寨沟地震后客源地旅游需求急剧下降,邻近客源地受到的影响大于远距离客源地。四是旅游消费决策改变。突发事件发生后,消息会通过各种媒体迅速传播,潜在旅游者由于自身风险意识、文化背景以及对旅游目的地认识的不同,会做出自己的旅游行为决策。部分悲观型旅游者,与突发事件发生之前相比,他们的预期满意度会大大降低,做出停止或推迟旅游活动、减少旅游次数、寻求替代性旅游等行为。例如,Minkyung和Patricia(2009)认为犯罪活动使得旅游消费者对犯罪率高的地区持恐惧态度,进而影响旅游者到该地区的旅游活动。

(三)对旅游接待业影响

旅游接待业是旅游产业系统的重要组成部分,其经营业绩的好坏直接反映在旅游行业的经济表现上。而重大突发事件对旅游业的影响,也必然体现在对旅游接待业相关旅游行业的影响上。突发事件会造成游客停止或取消旅游目的地活动,使旅游企业处于闲置状态。此时,若没有来自政府的税收、补贴等财政救助,会使旅游企业面临歇业、破产甚至倒闭的风险。突发事件对旅游接待业的影响主要表现在:一是对旅游景区的影响。威胁旅游景区的突发危机事件主要有两类:一类是自然灾害引起的突发性事件,如地震、台风、火灾等引发的突发事件;另一类是人为因素引发的突发性事件,如游乐设施故障或管理不力引发的公共安全事故。突发事件影响旅游景区的主要表现是旅游人数减少和旅游收入下降,严重制约旅游景区的正常运营。例如,汶川"5.12"特大地震后,游客的感知可进入性明显下降,九寨沟景区在 2008 年至 2010 年 3 年间的游客人数和门票收入均低于突发事件发生前的水平。二是对旅游饭店的影响。饭店业是一个开放性、窗口性行业,在市场经济条件下,处在动态环境之中的酒店,难以避免外部突发事件的冲击。饭店在日常经营中主要会面临自然灾害、人为事故等突发事件,对饭店的经营目标和获取利润构成严重冲击。例如,新冠肺炎疫情期间,除部分安置疫区滞留客人的酒店营业外,云南省绝大多数酒店都暂停营业,面临着退费、无经营收入、企业员工生活难以保障等一系列难题,且大多数旅游企业均属于中小规模的民营企业,面临着破产的风险。三是对旅行社的影响。旅行社承担着旅游生产和消费的"桥梁"作用,其经营行为具有高敏感性、强关联性以及对外部环境的绝对依赖性等行业特点。同时,多数旅行社都是中小规模的旅游企业,抗风险能力较差,因此旅行社更易受突发事件的冲击。例如,2003 年"非典"时期,中国旅行社正常业务的开展受阻,国内游、入境游、出境游三项业务损失惨重,旅行社受到的直接冲击是整个旅游产业链条中最大的环节。

二、影响程度

(一)影响时间

突发事件对旅游业的冲击程度主要取决事件本身的性质,自然灾害、社会安全、经济危机、公共卫生、政治动乱等不同性质的突发事件,对旅游业发展的影响时间有所不同。自然灾害事件具有不易避免和难以预测等特点,容易得到人们的理解和宽容,这类事件的影响一般为临时和短期的,通常会出现危机后的恢复性反弹。例如,汶川"5.12"特大地震的影响时间为 2 年,四川省旅游业到 2011 年基本恢复到 2008 年地震之前的发展水平。社会安全事件主要破坏目的地的整体形象,造成旅游者的心理恐慌,对目的地旅游业的影响是持久和难以恢复的。其中,暴恐事件在各类性质的危机事件中对目的地旅游业的负面影响最大。成观雄、喻晓玲(2015)运用旅游本底趋势线法实证研究了新疆"7.5"事件对入境旅游的影响,认为其周期是1年。Goodrich(2002)分析了美国"9.11"恐怖袭击事件对美国旅游业的影响,认为其旅游业2年后才能全面复苏。经济危机事件影响人们的购买能力,事件持续时间越长,其对旅游的影响时间也就越长,危机后不存在恢复性反弹期。如1997年亚洲金融危机影响时间为1年。公共卫生事件对旅游业的影响大小是由疫情传染强度决定的,并且会出现一个恢复性反弹期。以SARS为例,SARS给人们心理上带来的恐惧要大于事件本身,影响时间为2年。政治事件恢复起来较慢,影响周期比较长,事件发生后不存在恢复性反弹现象。

(二)影响范围

突发事件对旅游业的影响范围可大可小,既有可能针对某个区域,也有可能针对某类行业,还有可能仅针对旅游消费者。从三大旅游市场进行分析,一般入境旅游比国内旅游的反应更为敏感。以2008年汶川"5.12"特大地震为例,四川省国际旅游业绩受突发事件消极影响较大,国内旅游业绩受消极影响较小,其原因被总结为国内、国外市场存在"信息不对称"的差异。受2009年新疆"7.5"事件影响,当年新疆入境旅游人数和入境旅游收入损失都达到了往年的50%以上,多数客源国的入境旅游人数大幅减少。孙根年(2009)基于本底趋势线理论,分析了改革开放30年来重大突发事件对旅游产业发展的影响。研究结果表明,国际客源市场整体性人为事件影响范围较大,对旅游业的冲击较强。国际客源市场局部性人为事件影响范围较小,冲击力较弱。目的地整体性人为事件影响范围大,对旅游业的冲击强。目的地整体性自然灾害事件影响范围大,对旅游业的冲击强。目的地局部性自然灾害事件影响范围小,仅对受灾地区的旅游业有重大影响。国际客源市场事件一般只对入境旅游业有影响,对国内旅游的发展没有影响,而目的地整体性事件则对该目的地国内和入境旅游都有着重大的影响。

（三）影响结果

突发事件对旅游业影响的结果具有两面性。一方面,突发事件会给旅游目的地造成一系列消极的冲击和负面影响;另一方面,突发事件存在一定的机遇或机会,通过发挥主观能动性趋利避害,可以使旅游业获得健康、长效的发展。在负面影响方面,国外学者 Khan(2001)研究发现传染病造成新加坡旅游人次和旅游收入严重下降,Goodrieh(2002)发现美国"9.11"事件使航空公司的载客量和酒店入住率立即下降50%或更多,Abraham(2002)认为恐怖袭击事件曾经对美国、埃及、土耳其、以色列、俄罗斯等国家的旅游业造成了严重影响。国内学者魏小安和曾博伟(2008)、马丽君和孙根年(2010)等学者研究发现自然灾害事件对受灾地区旅游业的发展有显著负面影响。在正面影响方面,Ashlin(2007)等学者认为,虽然"自然灾害"对当地居民、游客的生命财产安全构成了风险,却为当地弱势领域争取社会资金和促进援助行动带来了机遇。也有学者提到,自然灾害虽然会导致人员伤亡和财产损失,但其所遗留下的遗址、遗迹、遗物、遗构,以及后期修建的纪念性设施亦有可能成为一种新的"遗产"和景观。突发事件总是充满了不确定性,多数突发事件对人们的生产、生活产生的是负面影响,对负面影响的研究可以达到预防突发事件发生和保护经济的目的。但是,也需要关注突发事件可能带来的正面影响,对正面影响的研究有助于实现旅游目的地突发事件后的重建和振兴。

三、评价方法

（一）定性分析方法

1.案例分析法。案例分析法亦称为个案分析法或典型分析法,是对有代表性的事物(现象)进行深入、周密、仔细的研究,从而获得总体认识的一种科学分析方法。马丽君和孙根年(2010)系统分析了不同类型极端天气气候对旅游业的影响,并且以 2008 年雪灾为例,分析了受灾较为严重的 11 个省区及 10 个城市的旅游受损情况。张琪(2019)选择汶川

"5.12"特大地震和印度洋海啸两个案例进行分析,验证了突发性自然灾害对旅游目的地人口和经济的影响较大的结论。

2.比较分析法。比较分析法亦称为对比分析法,是对客观事物加以比较,从而达到认识事物的本质和规律,并做出正确的评价。近年来,定性比较分析法的应用范围也越来越广。夏杰长和丰晓旭(2020)通过借鉴2003年非典型肺炎疫情的影响、经验与教训,分析了2020年新冠肺炎疫情对旅游业的影响,并提出了应对之策。

（二）定量分析方法

1.相邻年份比较法。相邻年份比较法是以突发事件前一年的状况为基准,将突发事件发生年与基准年进行比较。这种方法由于忽视了旅游业天然的发展趋势而不可能获得准确的结论。早期的定量研究多采用相邻年份比较法进行分析,国内学者孙刚(1990)、鞠文风(1999)、魏小安和曾博伟(2008)等通过该方法分别研究了1989年政治风波、亚洲金融危机、汶川"5.12"特大地震等突发事件对我国旅游业发展的影响。

2.旅游本底趋势线。旅游本底趋势线是指在不受突发性事件的冲击和影响下,某国或地区旅游业发展所呈现的天然而稳定的趋势和时间规律。旅游本底趋势线被认为是关于突发事件冲击下旅游评估较为科学的方法。1998年孙根年提出了旅游本底趋势线理论,并率先用于分析1989年政治风波对我国入境旅游业的影响。旅游本底趋势线有两大功能:一是"晴雨表"功能,可用于分析与评估突发事件对旅游业发展的影响;二是预测功能,即本底趋势线的自然延伸可预测未来旅游业的发展趋势。

3.干预分析预测模型。干预分析模型是考察发生在某时点上的干预事件对与之相联系的被研究时间序列是否有预期的影响。干预分析预测模型可以分析干预事件对被研究问题的影响显著性、正负影响和影响幅度,还能够剔除干预事件对未来预测的影响。张玲、陈军才(2007)通过干预模型测算了"非典"疫情对游客人数的影响。栾惠德(2009)运用该模型分析了"非典"疫情对我国入境旅游业的长短期动态影响。

4. 综合自回归滑动平均模型（ARIMA）。ARIMA 模型是在时间序列预测中使用最广泛和最灵活的一种模型，其原理为对于非平稳的时间序列，经过若干次差分使其成为平稳序列，再用 ARIMA 模型对该平稳序列建模，经反变换得到原序列。对于中短期预测而言，ARIMA 模型被认为是最有效的。双变量 ARIMA 模型由 ARIMA 模型扩展而来，主要用于识别季节波动与外在事件波动对因变量所产生的影响。Carey 等（2002）利用 10 种时间序列模型进行数据分析，结果表明包含季节波动的 ARIMA 模型和双变量 ARIMA 模型准确度最高。孙玉环（2006）通过建立季节 ARIMA 模型，分析估算了"非典"疫情造成的中国入境旅游收入损失，测算结果显示损失严重。

5. TRAMO/SEATS 季节调整模型。TRAMO 方法（Time series Regression with ARIMA noise, Missing observation, and Outliers）是指具有综合自回归滑动平均模型（ARIMA）噪声、省略观察值和异常值的时间序列回归法，而 SEATS 方法（Signal Extraction in ARIMA Time Series）是指 ARIMA 时间序列的信号提取法。作为欧盟各国统计局使用的主要统计方法，TRAMO/SEATS 方法能够最大程度地反映旅游业季节性波动的特点。雷平和施祖麟（2008）采用了 X12-ARIMA 模型、TRAMO/SEATS 模型、SARIMA 模型和 GARCH 模型对我国入境旅游人数的月度指数进行预测比较，发现 TRAMO/SEATS 模型的预测效果最优。

通过对突发事件对旅游业影响相关文献进行述评，本节做出以下总结。在研究内容方面，主要是从宏观层面（国家、行业）和中观层面（地区）来分析各种影响，较少从微观层面（企业、旅游要素）进行深入分析。对于影响的空间差异、分布规律很少涉及，旅游损失与突发事件内在关系的研究更是鲜见。并且，研究多集中在突发事件发生的当年，忽视了突发事件后的补偿性恢复反弹现象的存在，鲜见针对长远的和事后的研究。在研究方法方面，定量研究逐渐成为主流研究方法，但大部分研究成果都是将其作为"单一方法"使用，定量、定性方法的"融合"将是未来研究的重点。

第三节　旅游业应对危机事件研究综述

世界旅游组织(UNWTO)认为:"旅游危机是影响旅游者对一个目的地的信心和干扰旅游业继续正常运营的非预期性事件"。而影响旅游业的危机事件有社会危机事件、政治危机事件、经济危机事件、自然灾害危机事件和公共卫生事件危机等。面对这些危机事件,企业和政府积极应对,形成了度过危机的管理机制。在旅游危机管理研究中,应对策略是非常重要的环节,学者们或在前人研究的基础上提出危机应对策略,或基于构建的旅游危机管理系统模型提出具体措施,或结合案例地、危机事件探讨旅游危机管理决策,研究成果较为丰富。通过国内外文献述评,将研究内容归纳为以下几个方面。

一、应对主体

旅游业是一个高度综合性产业,在旅游危机应对过程中应实现参与主体的多元化,最大可能地吸纳各种社会力量、调动各种社会资源,形成旅游危机应对的社会整体网络。危机应对主体包括以政府为主导的旅游管理部门、旅游企业、旅游者以及新闻媒体、旅游从业者等其他主体。

(一)政府部门

政府作为社会秩序与公共利益的维护者,理应承担起应对和管理危机的重任。坚持发挥旅游危机管理中的政府主导作用,被认为是安全和有效的管理模式。李九全等(2003)分析了政府在危机前兆、危机解决、危机恢复各个阶段的主要任务,赵蜀蓉、张红(2010)详细介绍了政府在旅游危机管理不同阶段的角色。Cooper(2005)提出政府应对危机的三个对策类别:一是进行基础设施恢复和重建;二是为旅游企业提供财政援助和人力资源;三是在现有市场和新市场中开展传播和营销活动,以促进旅游业复苏。

综合学者们的观点,在危机发生前,政府需不断完善预警监控系统,制定危机应对策略;在处理危机时,应于第一时间开展救治,正确处理各种行为主体的利益关系;在危机恢复时,应及时进行危机归纳总结,着力恢复旅游市场和培育游客的消费意愿。同时,在整个危机管理过程中,政府需加强与其他公共管理部门的紧密合作,尽量为受危机影响的企业提供直接财务支持,以减轻负面影响。

（二）旅游企业

目的地旅游企业主要包括饭店、旅行社、旅游景区和旅游运输部门等,他们不仅是旅游服务的提供者,也是旅游市场的主体,当危机发生时,企业往往是最直接的受害者和直接利益相关者。在旅游企业的危机管理中,通过建立危机预警系统、制定危机处理制度、进行积极自救、强化员工危机管理意识、注重危机公关等措施有可能使危机变为机遇,给旅游企业的发展注入新的活力。针对大中型企业,有学者提出内部信息更新、共享以及与媒体交流等应对策略,并开发了与其他旅游营销组织的合作方法,以帮助恢复访问基础。此外,还可以通过削减人力成本和财产管理方面的运营费用,例如减少工作时间、裁员、关闭客房、推迟或取消重大项目等方式应对旅游危机。

有学者提到,现有的旅游危机管理多关注于国家或大型旅游公司,但是旅游危机来临时不可避免会冲击到小型旅游企业。由于小型旅游企业的规模较小、资源单一,无法分析潜在的威胁,无法组建危机小组并制订危机应对计划。小型旅游企业抵抗风险的能力有限,他们更容易受到危机的影响。此外,还需注意的是由于我国旅游企业进行危机管理时过度依赖政府,易导致自身责任认识不清,面对危机时往往显得笨拙。因此,可利用经济手段激励旅游企业承担危机管理责任,优化旅游企业履行危机管理责任的法制环境,构建旅游企业承担危机责任的管理机制。

（三）旅游者

旅游者作为旅游活动的主体,一旦发生危机事件,不仅会直接威胁游客的人身和财产安全,也会在一定程度上影响旅游者的消费决策。负面事件发生时,由于对旅游业及相关业务的正常经营构成了威胁,进而对旅游目的地的安全、吸引力和舒适性造成损害。而这一影响的后果是由受影响的市场群体所决定的,即旅游者对负面事件的主观判断和风险承受能力起着决定性作用。因此,旅游者的危机预防能力、危机意识和应对水平是影响危机管理的重要因素,危机管理中没有旅游者的参与是难以想象的。

在危机事件中,旅游者的应对措施主要有:提高个人应对危机的能力;培养良好的危机心理素质;调整个人行为模式等。安辉、付蓉(2005)认为现有旅游危机管理对策多忽视消费者个人对风险认知的差异,应将影响旅游者主观风险识别的因素纳入危机管理中。建议提高旅游者的风险承受阈值,通过旅行忠告发挥预警的作用,建立良好的危机沟通机制等应对危机。

(四)其他主体

在移动互联网时代,经过媒体传播的旅游危机事件易引起网络舆情,传统旅游危机有可能演化至线上。由于危机事件的"高舆论关注度"特点,在危机应对中,社交媒体作为危机沟通工具的作用日益显著,网民和媒体更加关注危机事件中的网络舆情。研究旅游危机事件的网络舆情有助于管理者及时了解舆情变化,采取有效措施以避免或应对舆情危机。自然灾害事件具有较大偶然性,旅游危机的信息流扩散呈现出"爆发—衰退—稳定—长尾"的生命周期,建议将危机事件的信息扩散和舆情管控纳入旅游危机管理中。

在旅游企业危机管理中,对管理层和员工进行旅游危机教育和培训,有利于树立企业的"危机意识",从源头上降低危机事件发生的可能性。组织员工学习旅游危机管理知识,帮助他们培养应对理念,还能够提高企业在旅游危机管理中的效能。Blackman 和 Ritchie(2007)认为组织旅游从业者学习在增强危机管理策略的潜在有效性方面有重要作用,Ghaderi

等(2014)认为,组织学习将使组织更好地从危机和灾难中学习,更重要的是,将这种新知识应用到未来的实践中去。

此外,在旅游危机应对中,也有学者分析了行业协会、社区居民等在旅游危机管理中的作用,认为多方协同、共同参与的危机管理机制是一种更加科学、有效的管理对策。

二、应对阶段

1986年,史蒂文·芬克(Steven Fink)在《危机管理:对付突发事件的计划》一书中,首次提出了危机生命周期理论,将危机分为征兆期、发作期、延续期、痊愈期四个阶段。针对危机之前、危机期间和危机过后三个阶段,世界旅游组织2003年发布的《旅游业危机管理指南》(Crisis Guidelines for the Tourism Industry)中也提出了相关行动建议,不同的危机阶段,应对方式不尽相同。

(一)危机之前

预警是危机管理的基础,尽管不可能预测到未来的旅游危机,但在危机发生之前需要进行预警和计划,组织容易受到这些不确定性的影响,并且有可能在某个时间发生此类危机事件。Barton(1994)研究证明了积极危机管理计划的重要性,计划可以帮助企业迅速恢复正常运营。根据Peters和Pikkemaat(2005)关于1999年雪崩事件的研究表明,一支有能力的核心应急团队以及在前期阶段建立完善的管理框架,是危机管理的主要成功因素。所以在危机之前的阶段,国家、地区、企业都需要采取积极主动的方法,为不确定的事件做准备。随着危机事件的频繁爆发,旅游业危机预警系统愈发完善。李树民、温秀(2004)从宏观和微观层面提出构建预警机制的方法,王汉斌等(2012)建立了一种基于BP神经网络模型的旅游危机预警系统,孙魏魏等(2014)采用模糊熵法和物元分析法构建了旅游危机预警模型。为了提高预警的有效性,许多研究集中在了预测工具和检测技术上,其基本原理是基于过去的关系并将其持续到未来,使用标准趋势分析管理未来的事件。虽然预警系统相对完善，但仍有部分组织和行业部门明显缺乏危机管理计划和战略。

(二)危机期间

即使建立有完善的危机预警机制，危机事件的发生仍然不能完全避免。危机事件主要通过安全性因素、经济社会性因素、物质性因素来影响旅游业，其作用路径既包括破坏供给方的旅游系统要素，也包括影响需求方的经济能力、行为模式和心理预期。根据旅游危机发展的不同程度、不同阶段、不同范围，应选择适当的危机处理策略。在危机发生期间，应做到快速响应和及时控制。一般认为，旅游业对旅游危机的响应是指各个旅游相关主体，即政府部门（旅游管理主体）、旅游者（旅游活动主体）和旅游企业（旅游经营主体，包括旅行社、旅游饭店、旅游景区等）在危机发生后对危机产生的认识，以及采取的应对行为。在旅游危机发生期间，应启动危机决策与行动系统，对危机进行控制，将危机带来的损失降至最低。随着时代的发展，在旅游危机期间，线上潜在旅游者的安全沟通已成为影响旅游危机走向的重要因素，旅游企业和旅游地应注重对危机情景下潜在旅游者安全沟通行为的精准识别，科学引导各类旅游者的线上行为活动，合理构建旅游危机管理信息沟通机制，这些举措对于旅游危机的解决意义重大。

(三)危机之后

即使在完成旅游危机的应对和处理后，旅游危机造成的破坏仍将长期影响旅游业，因此要注重危机之后的管理。在后危机时代，旅游危机管理的主要内容包括危机评估和恢复。旅游危机评估包括三个方面：一是对旅游危机进行事后回顾性评价，以掌握引发旅游危机的成因；二是对危机造成的损失进行评价，为接下来的危机恢复和目的地重建工作提供必要信息；三是对危机应对主体的管理进行总结，通过揭示管理漏洞和不足，对危机管理战略进行更新、提高。对于特定类型的旅游危机，可能在某些旅游目的地发生概率较高，对于过去危机应对的经验和知识进行总结可以指导未来的行动。危机沟通、恢复营销和与利益相关方合作,被认为是有效恢复旅游业的三个关键策略,在危机后恢复阶段提出了营销与协作的重要性。也有学者提到,危机后阶段需要进行危机心理干预,以恢复旅游者和从业者的信心。例如,Mink yung(2013)研究发现旅游目的地犯罪活动的发生会使得旅游目的地的旅游形象变差,从而影响到旅游者对旅游目的地的选择,影响到该地旅游业的发展,因此需要重新树立旅游目的地安全的形象。

三、应对措施

危机事件发生后,为了维持旅游者的信心,将危机的影响降低到最低程度,目的地需要采取有效的危机管理应对措施。虽然旅游危机形式不一,但其有效的应对措施和处理技术较为相似。根据世界旅游组织发布的《旅游业危机管理指南》,旅游业危机管理有四种主要途径,分别是沟通、宣传、安全保障和市场研究。

(一)沟通措施

各种各样的信息在旅游危机管理中发挥着作用,例如危机信息、旅游目的地信息、旅游危机管理部门信息、旅游者信息、旅游企业信息等。将这些信息的内容、更新、传递沟通方式加以整合利用,形成合理的沟通网络、联动机制,将对旅游危机的解决起决定性作用。危机沟通中可考虑的五个关键因素为:快速反应,加强与媒体的双向沟通,向关键利益相关者提供准确的信息;给予指示信息,明确事件详细内容,如发生了什么、何时发生、发生在哪里以及如何发生等;制订沟通计划和保证关键信息的一致性,劝阻任何非官方发言人发言;明确发言人进行开放和无障碍表述,并产生披露信息和诚实的意愿;向受害者表示同情。危机沟通主要涉及向公众提供正确和一致的信息,并提高危机处理组织或行业部门的形象,展现良好的社会责任感和担当。其主要的沟通措施包括:制定危机管理方案;任命危机问题的发言人;设立新闻及沟通处;与媒体保持日常性的沟通;关注当地媒体;对发言人进行安全问题方面的训练。同时,要求这些措施需保持诚实和透明的沟通原则。

(二)宣传措施

旅游信息的传播效果以及旅游地的形象恢复是重要的话题,如何选择有效的营销手段来弥补危机事件带来的破坏性影响,恢复旅游地形象并挽回流失游客是目的地营销组织面临的棘手难题。有针对性地进行宣传是旅游形象修复的有效手段,针对危机的不同阶段,宣传措施的侧重点也有所不同。例如,建立旅游贸易伙伴的数据库,预留出特别情况基金,为宣传做好坚实保障,是危机前和危机中需明确的应对措施。除此之外,在危机中需寻求在宣传预算上的增长,这将用来帮助产业吸引旅游者,或实施经济援助,通过财政和税收措施以支持旅游企业,使它们能够在短时间内迅速恢复运营。在危机后阶段,不仅要针对新的市场群体和特殊市场群体进行宣传,也要针对国内市场展开宣传,以弥补危机恢复时期国外旅游需求的减少。在宣传过程中,需要增加旅游经营商的考察和专门活动,创造与贸易伙伴和国际社会沟通的机会,但需注意树立和保持可信度是旅游宣传的基础。

(三)安全保障

从政府、企业、个人等多角度来说,安全保障是危机各个阶段的一个重要内容。经过多次危机事件,旅游业对旅游安全给予了极大的关切。为实现安全保障,需做到以下方面:与其他负责安全事务的政府部门保持联系,组建由公安部门、应急部门、卫生部门、司法部门、外交部门等组成的安全工作组,召集会议定期讨论旅游问题,各个部门产生的决策都将对旅游危机管理产生影响;参与制定安全处理程序,旅游当局应了解所有将被采用并会影响旅游业的安全措施;国家旅游行政主管部门应指派专门人员,作为与其他政府部门、专业部门、旅游业和 UNWTO 联系的联络员,以处理安全问题;培训当地负责安全事务的工作人员;建立旅游警察和紧急呼叫中心。

（四）市场研究

在每一次危机事件发生之后，旅游市场势必引起变化，对此进行深入研究，有益于旅游市场恢复和振兴，推动旅游市场的升级。旅游危机往往会对人们的旅游消费行为造成影响，为了满足游客的需求，需要探讨旅游者行为模式的变化，以便于及时、合理地设计和推出新的旅游产品。切实可行、及时有效的旅游促销，将有利于旅游业的迅速恢复和发展。因此，应考虑选择旅游营销时机以及最适合作为目标的细分市场，充分调查消费者趋势变化，积极进取，开拓创新。

为了有效应对危机，国内外形成了危机应对多主体协同参与、危机应对动态阶段管理、危机应对多措并举的框架，并在旅游危机管理实践中得到不断完善。在旅游危机应对相关研究中，危机应对主体主要集中在政府和大型旅游企业层面，未来可增加中小企业以及旅游者的相关研究；危机应对阶段研究多集中于危机前和危机中，旅游危机后的管理研究相对不足，未来可进一步平衡研究主题；危机应对措施往往多以个案为主，未来可以通过多案例研究来比较不同类型的危机，归纳总结相应的对策。

第四节　突发事件影响旅游业文献评价

在重大突发事件的研究方面，一些学者采用文献综述或文献计量的方式对国际突发公共卫生事件的研究热点和前沿、国际公共危机管理研究等进行梳理和分析，一定程度上揭示了国际相关研究领域的发展脉络和延展方向。Citespace 是当前被广泛使用的文献知识图谱分析工具，通过共引分析理论和寻径网络算法等对特定领域的科学文献进行计量，可以探索学科领域演化路径及知识拐点，有助于掌握某个特定领域的发展新趋势和新动态。由于旅游业存在着高流动性和高敏感性，重大突发事件逐渐在国内外的旅游研究中占据一席之地，进一步分析重大突发事件对旅游业影响研究的文献极为必要。

一、国内外文献研究周期比较

(一)国外研究具有增长持续性

在 Web of Science 核心合集中限定主题词"the public health""unexpected event""security incident""public emergency""crisis",同时结合主题词"tourism"进行检索,时间限定为 1998 年 1 月至 2020 年 3 月,剔除掉与主题关系较小的搜索结果,共获得国外的相关研究样本 509 篇文献记录,对其进行时间趋势分析,相关文献成果发展趋势如图 1-1 所示。

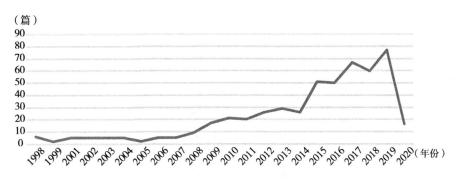

图 1-1　1998—2020 年国外相关研究成果发展趋势

从时间连贯性来看,国外研究成果数量基本上呈现出逐步增长的趋势,成果表现出积累的特征,研究内容也逐渐分散。20 多年来,国外对突发事件对旅游业影响的研究整体上呈现出增长趋势,虽然存在一定的波动,但波动的幅度较小。从增长趋势来看可以较为清晰地分为三个阶段:第一阶段是 1998—2006 年,整体文献成果的数量较低,且数量增长并不明显,属于基础研究阶段;第二阶段是 2007—2014 年,增长速度有所加快,属于较为平稳提升阶段;第三阶段是 2015—2020 年,有较为迅速的增长,但每年的数量波动较大,属于急速增长阶段。

(二)国内研究突出事件敏感性

在中国知网上限定核心期刊和 CSSCI,限定主题词"突发事件""安全事件""危机事件""公共事件""重大事件",同时结合主题词"旅游"进行检索,再剔除掉与主题相关性较低的文献,得到国内有关领域 412 条文献记录,然后对其进行时间趋势分析,相关文献成果发展趋势如图 1-2 所示。

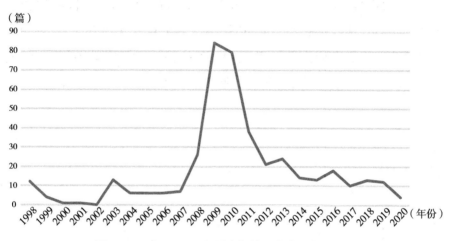

图1-2　1998—2020 年国内相关研究成果发展趋势

国内研究波动明显,对突发事件反应的敏感性高,但持续性较弱。从国内突发事件对旅游业影响的研究趋势来看,研究文献数量有着显著的波动,发展不稳定并形成了多个高峰,起伏波动明显。具体来看,首个研究高峰出现在 1998 年,1998 年亚洲金融危机对旅游业造成了严重的影响,这也是国内最早出现的重大突发事件对旅游影响的研究,但在此之后存在几年的研究停滞。第二个研究高峰在 2003 年,当年全国突发的 SARS 事件,也是属于影响范围大、涉及行业广的重大突发公共卫生事件,对旅游业造成了较大程度的打击,因此 2003 年的影响研究在数量上有着明显的增长,而之后的几年数量有所减少。第三个研究高峰出现在 2009 年,2009 年的研究成果属于历史最高峰。从时间上来看,2008 年汶川地震后出现了大量以四川为案例对象的影响研究,2009 年国际金融危机在全球范围内造成了影响,也进一步激发了对旅游业影响的研究。然而,在危机过后,影响研究也表现出逐年递减的趋势。从研究内容看,2013 年和 2016 年出现两个小高峰,主要是对汶川地震、国际金融危机等影响研究的延续。

二、国内外文献研究基础评价

(一)国外研究较为成熟,有纵向精细化趋势

在研究领域中,高频率共被引文献往往可以作为后续研究的理论基础,通过对高频率共被引文献的分析,可以通过关键文献了解研究领域的知识结构和发展脉络。根据国外文献的共被引图谱,发现国外高频率共被引文献最早出现在 2000 年左右,且从 2008 年开始大量出现,说明在2008 年后国外文献的基础理论发展就逐渐走向成熟,同时也出现了明显的阶段性研究差异。按照研究时间顺序,将高频率共被引文献的研究重点划分为以下几个阶段:

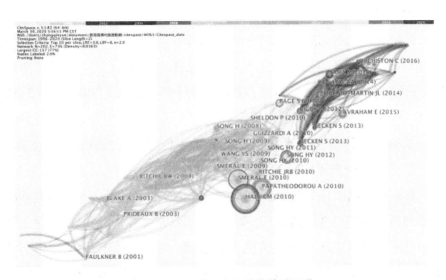

图 1-3　国外研究文献共被引图谱

1.理论研究阶段。此阶段的高频率共被引文献多论证了危机对旅游的影响机制、影响危害,并对概念进行辨析,成为后续研究的理论基础。

Faulkner(2001)明确了危机(crisis)和灾难(disaster)的区别,"危机"描述的是"事件的根本原因在某种程度上是由于管理结构和操作实践的无能为力或未能适应变化等问题而自我造成的情况",而"灾难"是"企业面临突然不可预测的灾难性变化而无法控制的情况"。Ritchie(2004)认为全球化使得各个国家地区相互依存和相互联系,旅游业极易受外部因素和更大范围的操作环境中的影响。

2. 个体差异研究阶段。此阶段的高频率共被引文献进一步聚焦于不同的个体,如重点讨论企业、社区、政府等个体,在灾难后面对多重挑战下的应对与恢复,对后续个体案例的研究有基础性借鉴意义。Cioccio(2007)关注了澳大利亚森林大火后小型旅游公司应对危机的准备工作及治理危机的能力,并考虑到灾难造成的社会创伤。Calgaro(2008)讨论了2004年海啸后泰国南部 Khao Lak 以社区为主导采取危机治理行动,取得了显著的成效,进一步影响了地区、国家甚至国际层面,说明了社区主导的重要性。

3. 持续细化研究阶段。此阶段的高频率共被引文献多聚焦于突发事件对旅游业的长期影响或后续研究,关注到旅游业对经济复苏的影响,研究内容更为全面。同时,开始关注个别要素在危机响应时的作用,Orchiston(2014)强调了知识管理和有效机构合作交流的重要作用,在灾难响应和制定、实施策略方面更有助于促进中长期旅游业的复苏。

(二)国内研究承接紧密,有横向丰富化趋势

整理国内高引用频次的前20篇文献,如表1-1所示。国内研究基础文献之间主题相近度较高,理论承接较为紧密。综合来看,国内高频率共被引文献最早出现在2003年左右,且最高集中于2003年,说明国内高频引用文献多集中于研究早期。但在2009年后国内高频引用文献又出现小高潮,直到此时期基础理论发展才开始出现丰富化的趋势。按照研究时间顺序,将高频率共被引文献的研究重点划分为以下几个阶段:

表1-1 国内研究高引用频次文献

年份	作者	篇名	引用频数	排名
2003	李九全、李开宇、张艳芳	旅游危机事件与旅游业危机管理	132	2
2003	朱迎波等	SARS对中国入境旅游人数影响的研究	110	4
2003	魏小安、付磊	旅游业受"非典"影响情况分析及对几个相关问题的辨析	98	5
2003	石培华等	"非典"后的旅游经济重建与风险管理	70	10
2003	张骁鸣、戴光全、保继刚	从事件旅游角度对SARS进行"后危机管理"研究	60	14
2004	邓冰、吴必虎、蔡利平	国内外旅游业危机管理研究综述	159	1
2004	李树民、温秀	论我国旅游业突发性危机预警机制建构	80	7
2005	侯国林	旅游危机:类型、影响机制与管理模型	114	3
2005	安辉、付蓉	影响旅游者主观风险认知的因素及对旅游危机管理的启示	78	8
2005	尹贻梅、陆玉麒、邓祖涛	旅游危机管理:构建目的地层面的动态框架	60	13
2006	李锋、孙根年	基于旅游本底线法(TBLM)的旅游危机事件研究——以2003年"SARS"事件为例	91	6
2008	魏小安、曾博伟	汶川地震后中国旅游形势分析与判断	56	16
2008	孙根年	论旅游危机的生命周期与后评价研究	51	19
2009	陈楠、乔光辉、刘力	出境游客的旅游风险感知及旅游偏好关联研究——以北京游客为例	76	9
2009	刘丽、陆林、陈浩	基于目的地形象理论的旅游危机管理——以中国四川地震为例	60	15
2009	李锋	基于本底线的不同性质旅游危机事件影响比对研究——以中国4次旅游危机事件为例	51	18
2009	马丽君、孙根年	30年来危机事件对中国旅游业发展的影响及比较	50	20
2010	王金伟、王士君	黑色旅游发展动力机制及"共生"模式研究——以汶川8.0级地震后的四川为例	66	11
2010	王铮、袁宇杰、熊文	重大事件对上海市入境旅游需求的影响——基于ADL模型的分析	54	17

续表

年份	作者	篇名	引用频数	排名
2011	李军、保继刚	旅游经济脆弱性特点与产业联系——基于张家界旅游经济的实证研究	64	12

1. 案例基础研究阶段。此阶段的高频引用文献多以 SARS 事件为背景,在理论方面有一定的贡献,如李九全等(2003)、邓冰等(2004)、侯国林(2005)都对概念进行了分析讨论。早期以定性研究为主,对危机事件、危机管理等相关概念进行了辨析,为后续旅游业面对危机的影响与管理研究奠定了理论基础。

2. 具体化、方法化研究阶段。此阶段的高频引用文献出现对危机预警、风险感知、危机生命周期等方面的相关讨论,研究主题较为紧密地承接上一阶段。但在方法上多从定量角度讨论了危机的影响测度,同时也考虑到了危机事件的性质、旅游业依赖程度、地区发展水平对旅游业的差异化影响,为国内后续走向丰富化、具体化的研究奠定了研究基础。

3. 视角丰富化研究阶段。此阶段的高频引用文献主要观点表现出一定的主题分化现象,一方面是承接前续研究,并在案例方面进行丰富;另一方面是从研究视角方面进行丰富。在研究的创新性上,一些学者立足于不同的理论视角,讨论了突发危机事件对旅游的影响,如从共生理论、让渡价值等角度出发,对现象进行研究,为后续研究开拓理论视角作出了较大贡献。

三、国内外文献研究热点分析

(一)国外研究背景丰富,结构层次清晰

通过从高频率共被引文献中提取关键词进行共现分析,高频率共现的关键词在一定程度上可以反映研究领域热点和前沿。根据国外研究文献关键词共现图,可以发现国外文献的研究主题涵盖了影响事件、影响对

象、研究方法、响应反馈等多个维度,且各个维度的研究层次明显、延伸较广。从研究背景来看,国外文献的事件较为丰富,包括海啸、火灾等自然灾害,战争、恐怖主义等政治危机,全球性和区域性的经济危机,流感、疾病等公共卫生事件等。从影响对象来看,较多涉及的关键词有"经济发展""旅游需求""国际旅游""旅游目的地""旅游产业"。从研究方法来看,关键词主要有"协整分析""模型"等。从响应反馈来看,涉及的高频关键词有"脆弱性""恢复""危机管理""政策""可持续发展"等,见图1-4。接下来,将进一步总结国外研究文献的研究热点。

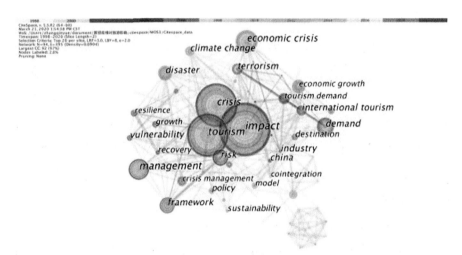

图1-4　国外研究文献关键词共现图

1.危机影响研究。国外文献的危机影响研究类型差异更为显著,综合考虑了不同类型、不同目的地的影响区别。Faulkner(2001)总结了影响旅游业的自然灾害和人为事件,其中人为事件包括恐怖袭击、政治动荡、经济衰退、生物安全威胁等。Ritchie(2010)关注了北美地区加拿大、墨西哥、美国的经济危机对旅游业的影响,认为其他重大事件如气候变化和恐怖袭击分别在一定程度上掩盖了经济危机的旅游影响。Smeral(2010)关注了世界经济衰退和经济危机对澳大利亚、加拿大、美国、日本和欧盟15国出境旅游需求的影响。Page(2011)突破传统研究中仅关注一次危机影响的框架,分离并估计了猪流感和经济危机对英国入境旅游需求的影响。

2.危机管理研究。国外文献的研究对象综合考虑了经济问题和非经济问题,除了产业影响之外,社会环境、企业责任等方面也得到一定的关注,内容更为细致。Henderson(2007)讨论了企业社会责任感在危机时的作用,作者以印度洋海啸后的泰国普吉岛酒店行业为例,发现一些企业表现出的社会责任感有助于树立较好的企业形象。Avraham(2015)讨论了在"阿拉伯之春"后,中东国家的营销人员恢复旅游目的地正面形象并引导游客回流的媒体策略。

3.危机预测研究。在危机预测的方法方面,国外研究经历了一个从定性到定量的探索过程。Prideaux(2003)认为在危机预测模型建立时需要考虑抑制因素、转移因素、排斥因素三组因素的影响。Okumus(2005)通过问卷和半结构化访谈,采用案例研究讨论土耳其经济危机对北塞浦路斯旅游业的影响。之后,一些学者采用自回归分布滞后模型、时变参数模型、面板数据模型、联立半序双变量 Probit 模型等多种计量经济学模型进行定量的估计与预测。

4.危机应对研究。国外文献在危机的应对方面,对长效应对机制更为关注,并从不同的视角切入讨论了长期应对策略。Calgaro(2008)从群体脆弱性的视角出发,讨论了旅游社区脆弱性的三个相互关联的维度:暴露、敏感性和弹性。Papatheodorou(2010)从区域合作和可持续方向发展的视角出发,聚焦于金融危机的长期影响,认为区域合作和伙伴关系进行的集体战略将成为恢复出入境的有效应对战略,促进旅游业向清洁、绿色和可持续方面发展。Becken(2013)从减少灾害风险(DRR)的视角出发,提出了应该将旅游业纳入到一般化的 DRR 范式中,提出了用4个 R(Reduction,Readiness,Response and Recovery)制订旅游业行动计划以丰富DRR 内容。

（二）国内研究主题聚焦，出现新兴分支

对国内研究文献进行关键词共现分析，获得当前国内有关领域的研究主要内容，并通过时间来反映关键词的出现与研究发展，相关情况如图1-5所示。节点的颜色表示关键词出现的年份，不同的颜色圈层表示不同年段持续关注的情况，圈层颜色越多，表示持续时间越长，颜色越偏向暖色调，表示研究越新。综合来看，国内的事件背景较为简单，研究主题较为聚焦，相互交叉、重叠部分较多，同时围绕亚洲金融危机、SARS事件、汶川地震、国际金融危机这四个重大突发事件展开了较多的研究。从国内研究的主要热点来看，可以总结为以下几个主题：

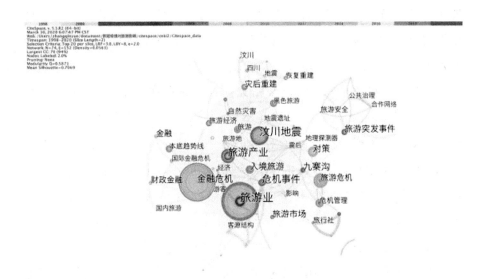

图1-5　国内研究文献关键词共现图

1.危机影响研究。国内文献对危机影响的研究起步早，贯穿各个危机事件，发展脉络清晰，从定性向定量的转变是其发展的重要趋势，影响对象多关注旅游人数、旅游收入。相关研究最早出现在1998年亚洲金融危机时期，张广瑞（1998）、蒋峰（1998）、赵吟清（1998）等一批学者开始认识到亚洲金融危机对中国国际旅游业的影响，此阶段的影响研究更多是较为直观地描述现象问题。直到2003年后，出现一批学者开始关注 SARS 事件对入境旅游、国内旅游的影响。吴令云和赵远东（2004）运用时间序列 ARIMAX 模型讨论了 SARS 对北京市海外旅游人数的影响，这是较早从定量角度对影响程度的研究。此后的影响研究更多进行定量讨论，如采用 SARIMA 模型、TRAMO/SEATS 方法、本底趋势线方法等。

2. 危机管理研究。国内文献在危机管理方面的研究多从不同主体出发进行讨论。较早的在 2003 年左右，由于 SARS 事件的影响，一些学者开始对危机管理进行讨论，最初张骁鸣等（2003）、李九全等（2003）、魏小安和付磊（2003）都对危机管理表示出一定的关注。侯国林（2005）较早地辨析了旅游危机的范围，并提出了危机管理的任务与方案。后续的理论性研究也比较少，有较为零散的从目的地形象理论、景区管理角度、政府角色角度、中小旅行社角度出发的相关研究。

3. 恢复策略研究。国内恢复策略研究视角存在一定局限，长期恢复应对策略研究较少，研究的持续性不足。早期关于危机的研究多集中在危机应对对策上，提出的建议、对策更多是即时的，而关于长期恢复策略的相关研究出现在后 SARS 时期。例如，有学者对中国入境旅游人数的恢复进行评估。更多的研究是在汶川地震发生后，主要集中于对基础设施、景区资源等硬件设备的恢复重建研究。直到震后几年，出现了一些关于竞争力恢复、旅游动机的恢复重建、市场恢复的研究。

4. 旅游安全研究。国内文献对旅游安全研究的起步较晚，但发展迅速，前景广阔，涉及游客的风险感知、公共治理、网络舆情等多个方面。在游客风险感知方面，有对震后游客风险认知、震后游客心理感知、震后资源吸引力感知、震前后的游客可进入性感知等的研究。在近几年也出现一些从舆情角度对旅游安全的讨论，舆情在危机中的有关研究最初集中在应对策略方面，后来开始关注舆情对游客的引导作用，如王芳（2015）关注到了旅游地的舆情引导作用，张薇等（2019）讨论了网络舆情危机下旅游形象感知的变化和出游意向的影响。

四、国内外文献研究总结

综合而言,从研究周期来看,国外文献的研究相对早于国内文献研究,更具有持续性,而国内研究起步晚,研究周期较短,在已有的研究过程中仍然存在着持续研究不足、研究视角有局限等问题。与此同时,国内也表现出较高的研究热度与广阔的研究前景。基于此,国内研究领域未来的发展方向和研究取向有:

(一)持续化研究

当前国内研究表现出持续性研究不足、短期研究爆发的特点,随着危机事件背景不断丰富,将有更多学者关注到危机对旅游业影响的问题,也将在一定程度上促进研究的持续性。后危机时代将成为领域内研究的一个重要领域,如旅游业后危机时代的可持续发展问题、旅游者的偏好感知问题、旅游市场的结构升级问题等都具有一定现实意义。

(二)个体化研究

当前国内对危机下旅游业的研究多为整体性全局研究,在全局研究达到一定饱和后,个体样本的研究将成为主要发展趋势。我国区域经济基础、抗风险能力存在明显差异,旅游业各细分行业的特征与经营方式也存在区别,因此对于个体行业、企业、地区、社区的研究将作为全局研究的科学补充,不断丰富研究领域的知识结构。

(三)跨学科研究

当前国内研究已经初步出现了内容丰富化的趋势,在知识结构上也有了初步的建构成果。在未来的研究中,运用跨学科的理论丰富并解决该领域的问题将是一个发展态势,如从系统学的角度讨论旅游安全问题,从社会学的角度讨论危机下企业的社会责任,从生命周期的角度讨论旅游企业危机后的发展问题等,通过跨学科的理论应用实现研究领域的丰富与发展。

第二章　新冠肺炎疫情对中国旅游业影响剖析

新冠肺炎疫情迅速蔓延至全国和海外地区,本次疫情对于中国社会经济发展造成了巨大而深远的影响,尤其以旅游业、餐饮业、零售业、娱乐业等为代表的服务业首当其冲。旅游业天然具有敏感性、关联性、综合性等特征,加之新冠肺炎疫情爆发突然、传染力强、波及面广,旅游业遭受的冲击较大。本部分从疫情对旅游业的直接影响和间接影响、短期影响和长期影响、表面影响和深层影响、不利影响和有利影响四个方面进行系统、全面剖析。

第一节　直接影响和间接影响

考虑到旅游业的关联性特征,本节探讨了新冠肺炎疫情对我国旅游业的直接影响和间接影响。

一、直接影响

(一)旅游三大市场全面受挫

新冠肺炎疫情席卷全球,截止到 2020 年 5 月,除南极洲外,所有大洲均已出现爆发。由于新冠肺炎疫情爆发的突发性、危害性、广泛性,我国国内旅游、出境旅游、入境旅游三大市场均遭受巨大影响。

1. 国内旅游全面阻断。2003 年"非典"疫情时期,中国大陆地区感染病例共涉及 25 个省(区、市),确诊人数 5327 例。而本次新冠肺炎疫情最早出现在武汉市,由于传播中心位于"九省通衢"的湖北省,加上时处每年人流量最大的"春运"期间,新冠肺炎疫情迅速蔓延至全国 34 个省(区、市),截止到 2020 年 5 月 1 日,已累计确诊 8 万余例。出于疫情阻断的需要,旅游业从一开始就处于抗疫的第一线,在保障人民生命安全和健康的首要目标下,中国旅游业采取了严格的防疫措施。短期内居民出游意愿下降,加上对火车、汽车、航空等交通进行管制以及全国范围内旅游景点关停等影响,国内旅游人数锐减。2019 年全年,中国国内旅游人数达 60.1 亿人次,旅游总收入达 5.7 万亿元。受新冠肺炎疫情影响,2020年国内旅游短期内全面阻断,处于"停摆"状态。

2. 出境旅游深受重创。2020 年 1 月 31 日,世界卫生组织(WHO)宣布,将新冠肺炎疫情列为"国际关注的突发公共卫生事件"(PHEIC,全称为 Public Health Emergency of International Concern)。虽然世界卫生组织强调,不建议对中国实施旅行和贸易限制,但是多个境外航空公司陆续宣布停飞中国航线或削减航班数量,一些国家相继采取入境管制措施。受疫情发展和相关政策影响,中国国内居民春节期间的出境游计划基本无法实现。截止到 2020 年 10 月 1 日,新冠肺炎疫情已传播至全球 200 多个国家和地区,累计确诊病例超过 3400 万例。随着各国和地区新冠肺炎确诊病例的持续增加,相关政府也纷纷采取严格的管控措施,包括取消航线、入境限制等,导致出境旅游活动难以实现。2019 年,中国公民出境旅游人数达 1.55 亿人次,比上年增长 3.3%。受疫情影响,依赖中国出境游客的东南亚国家,旅游业遭遇了极大打击。

3. 入境旅游基本停滞。在中国新冠肺炎疫情爆发期,受全国各地公共卫生事件一级响应以及 PHEIC 影响,境外游客入境旅游受到较大限制。由于国际航班减少,旅游企业暂停经营活动,以及入境隔离等相关规定影响,入境旅游基本暂停。2020 年 3 月,中国新冠肺炎疫情基本得到控制,而境外国家和地区疫情迎来大爆发期,此阶段中国疫情防控重点转移至严防境外输入。为遏制境外新冠肺炎疫情输入风险高发态势,2020 年 3 月 28 日,外交部、国家移民管理局发布公告,暂停持有效中国签证、居留许可的外国人入境。各大航空公司相继调减国际来华客运航班数量,入境旅游限制进一步升级。2019 年,中国入境旅游人数达 1.45 亿人次,国际旅游收入达 1313 亿美元。本次新冠肺炎疫情使入境旅游市场也基本处于停滞状态,同时入境旅游恢复需要更长周期。

(二)旅游要素领域近乎停摆

旅游业是一个环境敏感型产业,表现为极易遭受内外突发事件冲击。而流行性传染病形成的公共卫生事件对旅游业影响范围最广、冲击最大,这是因为旅游行业各要素领域下游均为终端消费者。新冠肺炎疫情从消费条件、消费意愿、消费能力三个方面直接产生冲击,使旅游餐饮、旅游住宿、旅游交通、旅游游览、旅游购物、旅游娱乐要素几乎处于停摆状态(见表 2-1)。

表 2-1　新冠肺炎疫情对旅游六要素的影响

旅游要素	影响程度	事件案例
旅游餐饮	影响较大	2020 年 1 月 27 日,全聚德集团旗下餐饮店暂停营业,部分饭店上线外卖业务
旅游住宿	影响较大	2020 年 2 月,万豪大中华区酒店的平均客房收益同比下滑近 90%
旅游交通	影响较大	2020 年 2 月,东方航空国内、国际和地区航线客座率同比分别下降 40.76%、26.23% 和 43.73%
旅游游览	影响严重	2020 年 1 月 24 日下午 6 时起,安徽九华山风景区暂停对外开放游览
旅游购物	影响严重	2020 年 1 月 26 日,中国国旅宣布旗下三亚国际免税城、海口日月广场免税店、琼海博鳌免税店暂停营业
旅游娱乐	影响严重	2020 年 1 月 24 日,宋城演艺宣布公司旗下旅游演艺项目全部关园

1. 旅游消费条件受阻碍。旅游活动具有生产和消费的一致性,旅游消费的实现依赖于游客的时间投入和空间移动。由于严格的防控措施,新冠肺炎疫情使旅游消费条件无法实现,各个旅游要素领域几乎处于停滞状态。2020年1月26日,文化和旅游部发布《关于全力做好新型冠状病毒感染的肺炎疫情防控工作暂停旅游企业经营活动的紧急通知》,要求全国旅行社及在线旅游企业暂停经营团队旅游及"机票+酒店"旅游产品。随后各地旅游部门积极部署疫情防控措施,要求相关博物馆、美术馆、A级景区等暂停经营,庙会、展会等公众聚集性活动暂停举办,各种旅游活动纷纷取消。随着疫情慢慢得到控制,全国各地陆续迎来复工复产,但是由于旅游活动场所的人员密集性,旅游要素行业全面恢复仍需较长时间,旅游消费条件完全恢复仍受疫情防控影响。

2. 旅游消费意愿受抑制。旅游活动实现需要三个必要条件,分别是可自由支配收入、闲暇时间和旅游动机。鉴于新冠肺炎病毒的强传播性、长潜伏期、无症状感染等特点,疫情对居民心理情绪影响表现为焦虑、紧张、恐慌,虽然政府采取了强有力的防控措施,但是人们的外出旅游动机基本消失。在严重疫情影响下,群众自觉响应居家隔离号召,人们的休闲活动也更多转向观影、游戏等线上方式。2020年3月份以来,随着疫情形势不断好转,旅游要素领域开始复工复产,但是旅游消费意愿恢复需要一定周期,旅游消费信心的提振仍需相关政策引导。

3. 旅游消费能力受削弱。对于城市居民,由于新冠肺炎疫情下大部分人被迫居家隔离,国内正常的生产、生活受到极大影响。许多企业纷纷停工停产,在此环境下,部分企业的倒闭和裁员使员工失去了应有的收入,消费能力相应减弱;对于农村居民,由于强力的隔离措施,导致农村农副产品无法销售,或者外出务工人员无法外出打工,使得农村居民收入也受到影响。旅游消费作为较高层次的消费类型,不属于生活基本消费,因此在保障生活基本需要的前提下,居民的旅游消费支出能力遭到不同程度的影响。

（三）旅游经济收入遭遇重创

新冠肺炎疫情在世界范围内蔓延,给全球旅游业持续稳定发展带来巨大挑战,给全球旅游经济收入带来重大威胁。相关数据显示,中国出境旅游人次居全球第2位,入境旅游人次居全球第4位,中国旅游业已成为全球旅游业的重要组成部分。新冠肺炎疫情不仅对国内旅游收入产生影响,也对全球旅游经济发展产生了巨大冲击。

1.春节黄金周旅游损失惨重。根据同程旅游、飞猪旅游等发布的相关调查,旅游已成为我国居民新"年俗","外出旅游"成为仅次于"回家探亲"的第二大春节出行动机。春节黄金周作为全年旅游总收入的重要来源,春节期间旅游收入从2015年的3139亿元上升到2019年的5139亿元,近五年年均增长率达13.45%(见图2-1)。2020年,中国春节期间旅游收入原预计达5500亿元以上,因疫情造成旅游停摆给春节黄金周旅游收入造成巨大损失。

图2-1　2015—2019年春节期间旅游收入统计

2.全国旅游总收入下滑。根据国家文化和旅游部发布的《2020年文化和旅游发展统计公报》显示,受新冠肺炎疫情影响,2020年全国国内旅游人数为28.79亿人次,比上年同期下降52.1%;国内旅游收入为2.23万亿元,同比下降61.1%。其中,2020年全年旅行社营业收入2389.69

亿元。营业利润减少 69.15 亿元,2020 年全年星级饭店营业收入 1221.53 亿元,平均出租率仅为 39%。

3.全球旅游总收入大幅下降。现代旅游业具有跨区域、国际化等特点,疫情在世界范围内蔓延,使旅游业影响形成长期性、全面性、多样性特征。根据世界旅游组织(UNWTO)发布的报告显示,2020 年一季度全球跨境旅游规模同比下降 22%,国际游客同比减少 6700 万人次。根据世界旅游城市联合会(WTCF)发布的报告显示,受新冠肺炎疫情影响,2020 年全球旅游总人次(含国内旅游人次和国际旅游人次)降至 72.78 亿人次,同比下降 40.8%。2020 年全球旅游总收入下降至 2.92 万亿美元,同比下降 50.9%。与全球货物贸易和服务贸易降幅相比,2020 年国际旅游收入降幅达 68.7%,受疫情影响程度远超全球贸易。

二、间接影响

(一)对相关行业的影响

旅游产业涉及国民经济诸多行业和部门,除了"食、住、行、游、购、娱"六大要素,旅游业还与第一产业、第二产业以及第三产业众多部门均有密切联系。当新冠肺炎疫情对旅游业产生影响后,这一变化会按照不同产业的关联方式,引起与其直接或间接相关产业部门的变化。

1.对交通运输业的影响。旅游产业与交通运输业存在相互依存、相互制约的经济联系,交通体系的完善对旅游业发展具有巨大的保障作用,而旅游业发展对交通运输业具有强大推动功能。旅游交通是交通运输业的重要组成部分,新冠肺炎疫情造成游客数量减少、旅游活动取消,进而冲击到交通运输行业。根据中国交通运输部数据,2020 年春运期间,铁路、道路、水路、民航共累计发送旅客 14.76 亿人次,比去年同期下降 50.3%。其中,铁路发送旅客 2.10 亿人次,下降 47.3%;道路发送旅客 12.11 亿人次,下降 50.8%;水路发送旅客 1689.1 万人次,下降 58.6%;民航发送旅客 3839.0 万人次,下降 47.5%。受新冠肺炎疫情影响,全球航空业经历了史无前例的困难和挑战。根据《2020 年世界航空运输统计报告》显示,2020 年全球航空客运量为 18 亿人次,比 2019 年下降 60.2%,客运总收入同比减少 69%,净亏损 1264 亿美元。

2. 对住宿服务业的影响。旅游者是住宿服务业的主要消费群体,两者之间存在休戚与共的关系。近年来,我国住宿业面临着高速度增长与低盈利水平共存的不平衡矛盾,传统住宿业面临严峻的经营管理问题。新冠肺炎疫情不仅仅直接影响着住宿业,也通过冲击旅游业间接影响到住宿服务业。根据中国饭店协会 2020 年 3 月 11 日发布的《新冠疫情对中国住宿行业的影响与趋势报告》显示,2020 年 1—2 月期间,仅有 27% 的酒店持续营业,73% 的酒店选择停业止损,平均停业天数高达 27.6 天;2020 年春节至 2 月底期间,民宿的入住率平均同比降幅为 70.3%,平均房价同比降幅为 50%。2003 年"非典"疫情期间,一大批抗风险能力弱的酒店破产关门,本次新冠肺炎疫情对于住宿业的生存也将是一次严峻考验。

3. 对其他相关行业影响。除了关系最为紧密的交通运输、住宿服务业以外,旅游业的关联性还体现在与批发零售、餐饮娱乐、会议展览、邮电通讯等产业之间的密切关系上。新冠肺炎疫情影响下,旅游业受冲击也波及其他相关产业。以购物业为例,由于春节期间旅游产业几乎处于停摆状态,对海南省免税购物的冲击不言而喻。2019 年海南离岛免税品销售额约占全国免税品总销售额的 1/4,而春节期间海南离岛免税店全面停业,离岛免税产业传统旺季突遇"寒冬"。以展览业为例,受新冠肺炎疫情的影响,全球规模最大的旅游博览会——柏林国际旅游交易会(ITB)被迫宣布取消。柏林旅游展创办于 1966 年,是国际旅游界最重要的展览,2019 年展会吸引了 180 多个国家和地区的 1 万家参展商,展会上采购金额达 70 亿欧元。

（二）对国民经济的影响

旅游产业是现代服务业的龙头产业,也是国民经济的重要组成部分。根据世界旅游组织研究数据,旅游业每增加收入 1 元,可以带动国民经济收入增加 4.3 元。旅游产业具有综合性特征,在新冠肺炎疫情冲击旅游业的背景下,旅游业的乘数效应发挥也会受到影响,从而间接影响到国民经济。

1. 旅游产业是国民经济的重要组成部分。旅游产业是国民经济的有机组成部分,作为现代服务业的龙头产业,在我国经济增长中扮演着重要角色。2009 年,国务院印发了《关于加快发展旅游业的意见》,文件提出"把旅游业培育成国民经济的战略性支柱产业";2014 年,国务院印发了《关于促进旅游业改革发展的若干意见》,文件提出"旅游业带动作用大,对于促进经济平稳增长意义重大"。2019 年,我国全年实现旅游总收入 6.63 万亿元,同比增长 11%,旅游业对 GDP 的综合贡献为 10.94 万亿元,占 GDP 总量的 11.05%。根据 2014 年至 2019 年《中国旅游业统计报告》显示,旅游业综合贡献占 GDP 的比重均超过 10%（见图 2-2）,旅游产业已成为国民经济中举足轻重的战略性支柱产业。

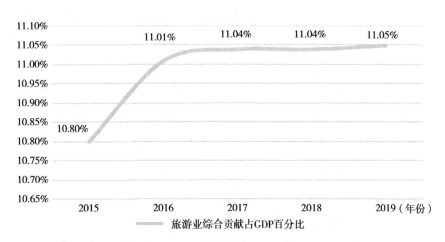

图 2-2 2015—2019 年我国旅游业综合贡献占 GDP 比重

2. 旅游消费是拉动国民经济的重要引擎。与"非典"疫情时期相比，2020 年我国社会经济发展背景发生了重大变化。一是经济增长速度不同,2003 年我国处在经济加速增长期,2020 年处于经济增速放缓期,我国经济增长面临较大的下行压力;二是经济发展结构不同,2003 年我国经济主要依赖第二产业拉动,2020 年第三产业成为国民经济龙头,服务业成为国民经济的支柱产业;三是经济外部环境不同,2003 年我国经济占世界比例为 8.8%,2019 年这个比例为 19.2%。新冠肺炎疫情对世界其他国家也有较大程度影响,加上中美贸易摩擦等影响,国内经济更易受外部环境影响。凯恩斯经济学派认为,一个国家(或地区)的国民经济增长主要取决于投资、消费、出口"三驾马车"的拉动作用。2019 年,消费、投资和出口分别贡献了中国经济增长的 57%、32% 和 11%,新冠肺炎疫情对三者均造成了冲击,尤其以消费领域最为突出。在新常态下,与国民经济增速下行趋势相比,旅游消费却逆势增长,成为拉动国民经济的新引擎。

3. 旅游冲击对国民经济的影响总体可控。旅游业作为第三产业的重要组成部分,对国民经济的影响愈发明显。根据旅游乘数效应理论,旅游经济的发展必然会促进许多与旅游相关的间接部门生产发展,从而带动整个国民经济的发展。鉴于旅游业具有综合性强、涉及面广的特征,新冠肺炎疫情造成的旅游消费减少,必然导致与旅游相关的上游和下游产业受到一定程度的影响,最终会影响到国民收入并通过 GDP 表现出来。此外,旅游业受疫情冲击再次表现出一定的脆弱性,也会对旅游投资造成一定影响,间接影响到相关配套经济活动。虽然疫情对旅游收入造成了较大的冲击,并通过消费减少间接影响国民经济,但是根据历史经验,公共危机后旅游业恢复弹性强、周期短,国民旅游消费需求仍然存在,国民经济内在向上发展的势头不会受到影响。

（三）对社会发展的影响

由于旅游产业的综合性、关联性等特征,旅游发展的带动系数较强,包括刺激就业、优化环境、保护文化、促进扶贫等方面。短期内旅游业受到疫情影响,也较大程度地抑制了旅游业的带动性,对社会发展造成一定影响。

1. 就业压力有所增大。旅游产业作为国民经济的重要组成部分,旅游就业对于社会总就业具有较大带动作用。根据中国旅游研究院(文化和旅游部数据中心)发布数据,2019 年我国旅游直接就业 2825 万人,旅游直接和间接就业 7987 万人,占全国就业总人口的 10.31%。新冠肺炎疫情造成的旅游停摆,不仅仅影响着旅游企业的就业问题,与旅游相关的上游部门、下游部门,都面临着一定的就业问题。旅游企业多属于中小微和劳动密集型企业,一方面承担着大量的就业岗位,另一方面危机应对能力较弱。因此,应从保持社会稳定大局出发,政府、企业和员工相互理解、共克时艰,避免旅游和相关行业的结构性失业问题。

2. 脱贫致富任务艰巨。2020 年是我国脱贫攻坚战的收官之年,现行标准下要实现贫困人口全部脱贫,消除区域性整体性贫困目标。在党和政府的领导下,通过政策扶贫、产业扶贫、人才扶贫等多种措施,我国脱贫攻坚工作已取得重大成绩。然而,2020 年爆发的新冠肺炎疫情对于脱贫攻坚的冲击不可忽视。对于广大偏远乡村地区,旅游扶贫能够带来就业岗位、改善生活条件、增加经济收入、提高人口素质,因地制宜地发展旅游业已成为一种重要的产业扶贫方式。受疫情防控需要,以旅游业为支柱产业的贫困乡村失去收入来源。在旅游业全面恢复尚不明朗的背景下,这些地区的返贫风险较大。

3. 国家战略实施受阻。在一系列的国家战略实施中,例如乡村振兴、扶贫攻坚、新型城镇化建设、"一带一路"倡议等,旅游业都扮演着关键角色。例如,2020 年中国已经和马来西亚、文莱、缅甸、意大利等国家签署了"旅游年"协议(见表 2-2),疫情造成中外之间文化和旅游交流活动暂停,也间接影响到外交战略的实施。我们应该看到,新冠肺炎疫情不仅仅直接影响着旅游产业,也间接影响到旅游相关社会功能的实现。

表2-2 2020年部分中外"旅游年"活动

"旅游年"国家	启动时间	合作内容
中国文莱旅游年	2020年1月17日	以旅游年为契机,商讨推动双边旅游合作,加强各领域合作,迎接2021年两国建交30周年
中缅文化旅游年	2020年1月17日	共同办好两国建交70周年系列庆祝活动,加强教育、文化、旅游、宗教、媒体等社会人文领域交流合作,增进两国人民相互了解与友谊
中国马来西亚文化和旅游年	2020年1月19日	举办文化旅游推介和旅游业界洽谈活动,举办贯穿全年的文化和旅游交流活动
中意文化和旅游年	2020年1月21日	中意双方将举办覆盖表演艺术、视觉艺术、创意设计、文化遗产、旅游、影视等多个领域的活动,共同迎接中意建交50周年

第二节 短期影响和长期影响

考虑到新冠肺炎疫情的冲击,本节探讨了新冠肺炎疫情对我国旅游业的短期影响和长期影响。

一、短期影响

(一)旅游市场迎来集中退订

新冠肺炎疫情爆发后,根据文化和旅游部统一要求,全国旅行社及在线旅游企业暂停经营团队旅游及"机票+酒店"旅游产品。国内和出境团队旅游业务陆续被叫停,大批跟团游等旅游订单被取消。

1.旅游市场退订规模较为庞大。疫情发生后,大量游客集中变更行程,境内外机票、火车票、酒店、门票、用车、当地玩乐等全旅游产品均出现了大量退改需求。根据北京阳光消费大数据研究院的研究显示,2020年1月20日疫情爆发期至2月初这段时间,国内大约有3000万至5000万单机票、火车票、酒店订单、旅游产品、度假产品需要通过在线旅游平台完成退订。以携程为例,携程旅游平台客服电话接听量暴增6倍以上,退改量增长10倍。在大量退改订单的压力下,飞猪、去哪儿网等多个在线旅游平台订单退改量都达到了历史峰值。疫情爆发初期,短时间内大量境内和境外旅游订单面临退订。

2.旅游退订保障政策相继推出。新冠肺炎疫情的发生打乱了人们的出行安排,为了配合疫情防控需要,并尽量减少消费者损失,有关部门和企业反应迅速,及时推出相关旅游退订保障政策。首先,截至2020年3月底,国家民航部门先后4次发布客票退改政策,国家铁路部门先后5次出台免费退票措施。免费退票范围逐渐由武汉地区扩展至全国,免费退票时间也根据疫情发展不断延长。其次,各大旅游平台,包括以携程、飞猪、途牛、驴妈妈为代表的OTA企业纷纷第一时间启动应急预案,针对游客预订的车票、机票、旅游产品等推出退改保障政策。国家相关部门的免费退票政策,以及旅游平台等相关企业的"无损退订"政策,使得旅游消费者的损失尽可能得到降低。

3.旅游退订境内境外存在差异。根据《中华人民共和国旅游法》规定,受不可抗力因素影响取消的订单,合同解除的,组团社应当在扣除已向地接社或者履行辅助人支付且不可退还的费用后,将余款退还旅游者。因此,在国家交通部门、旅游部门相关政策的指导下,相关旅游企业积极按照宣布的退费政策进行退订。但是,由于国际航空公司退改规定不同,加上部分目的地国或地区尚未出台退费政策,出境旅游产品退订难度大、周期长,出境旅游产品不易实现"无损退订",消费者难免遭受一定损失。

(二)游客滞留在旅游目的地

新冠肺炎疫情发生后,由于封城、交通取消、入境管控、医学隔离等原因,造成已出行的部分游客滞留在旅游目的地。其中,既包括滞留在境内旅游目的地的游客,也包括滞留在境外旅游目的地的游客。

1. 境内旅游目的地滞留。2020年1月23日,武汉宣布因疫情防护关闭离汉通道。随后,全国各地实行了严格的交通封锁和隔离措施。由于旅游经营活动暂停,加之返程交通取消等原因,造成境内部分游客被滞留在旅游目的地。其中,由于封城等原因,少部分游客被滞留在武汉等疫情比较严重的地区,此类游客面临着较高的感染风险。为了避免因人员流动造成的交叉感染,大部分情况属于湖北籍游客滞留国内其他地区,此类游客数量较多,且面临诸多生活问题。例如,根据云南省文化和旅游厅2020年2月17日的统计数据,云南全省187家指定酒店累计安置42493名游客,其中湖北籍游客5816人,武汉籍游客2552人。在滞留期间,全国各地积极响应,推出集中安置措施,在餐饮住宿、健康检查、交通出行等方面给予滞留游客妥善安置和照料,保障他们的生活及安全健康。

2. 境外旅游目的地滞留。随着疫情发展和交通封锁等原因,一些航空公司相继暂时取消飞往武汉的客运航班,导致大量前期出境的湖北游客滞留在境外。根据湖北省文化和旅游厅的统计数据,截至2020年1月27日,有4000余名武汉籍旅客滞留境外多个国家。针对滞留境外的旅客,国外一些地区采取延长签证、统一安置的措施,为滞留的中国游客提供方便。中国政府也采取积极措施,收集滞留海外中国游客的信息,并陆续组织包机接回滞留游客,减少他们面临的风险和困难,保障游客的生命安全和身体健康。此外,邮轮旅游作为一种新兴的特色旅游活动,由于疫情传播对滞留游客的健康也造成了严重危害。例如,载有3700余名游客和船员的"钻石公主号"游轮,在船上隔离期内,累计确诊700多名新冠肺炎病毒感染病例。

(三)旅游企业经营面临挑战

面对新冠肺炎疫情,旅游企业主动响应政府号召,积极履行社会责任,通过取消订单、暂停营业、参与防控等措施,确保人民群众健康得到保障。全球旅游活动的停摆,使旅游企业迎来"疫情大考"。

1. 收入遭遇大幅下降。在新冠肺炎疫情影响下,旅游景区关闭、旅游酒店歇业、旅游团队暂停、旅游文娱活动取消,旅游企业的经营业务几乎全部停摆。由于旅游生产和消费的同一性,旅游活动赖以存在的基本条件消失,旅游企业基本全面迎来绝收期。例如,《2020 年湖南省旅游企业受新冠肺炎疫情影响调研报告》显示,554 家旅游企业因疫情导致预订退订产生的直接损失金额合计为 92496.42 万元。其中有 94 家旅游景区(点)损失金额合计为 34584.3 万元,平均每家景区(点)损失 367.92 万元;221 家旅行社损失金额为 17587.22 万元,平均每家旅行社损失 79.58 万元;177 家酒店损失金额为 23492 万,平均每家酒店损失 132.72 万元。春节假期作为旅游企业营业收入的重要来源,2020 年第一季度旅游企业经营状况面临大幅亏损。

2. 资金面临巨大压力。在营业收入几乎全部消失的背景下,旅游企业仍然面临一定的经营成本和税费支出,旅游企业均具有较大资金压力。旅游企业具有资本密集型特点,例如星级饭店、主题公园等企业固定资产规模大,房租成本、运营成本、税费成本等较高。旅游企业也具有劳动密集型特点,例如旅行社、旅游景区等企业由于受疫情影响,导游、讲解员、司机、销售等处于待业状态,但是各个企业仍要承担一定的用工成本,这给旅游企业带来巨大财务压力。旅游企业具有中小微企业居多的特点,该类企业盈利能力弱、现金流不足、抗风险能力弱,在疫情影响下面临资金链断裂甚至倒闭歇业的风险。根据 2020 年 2 月 15—17 日"新型冠状病毒感染的肺炎疫情对河南省旅游业的影响"调查问卷结果显示,若市场暂时不回暖,现金流能支撑半年(至 2020 年 8 月份)以上的受访企业仅占 9.65%,大部分企业现金流吃紧,有 19.74%的受访企业当时的现金流已无法支持正常运转。

表2-3　旅游企业受疫情影响差异化表现

企业性质	资产型旅游企业	平台型旅游企业	服务型旅游企业
企业代表	星级宾馆	OTA	小型旅行社
固定资产	高	中	低
企业数量	多	少	多
盈利能力	中	强	弱
现金流量	中	多	少
抗风险能力	中	强	弱
灵活转向能力	弱	中	强
疫情影响	中	中	大

3.疫情防控不容放松。新冠肺炎疫情不断扩散,给旅游企业尤其是酒店服务业带来较大压力。疫情初期,宾馆饭店作为较为密集的场所,本身具有较大的感染风险。由于疫情防控需要,部分酒店作为集中安置、隔离的场所,成为疫情防控的一线阵地。2020年2月底,虽然部分酒店、旅游景区陆续迎来复工,疫情防控也开始进入分区分级的精准管理阶段。但是,一方面游客集聚仍然存在较大感染风险,以主题公园为代表的旅游企业尚未复工;另一方面,目前游客出游意愿仍旧较低,以旅行社为代表的游客组织环节尚未全面复工。如何一手抓复工,一手抓防控,成为旅游企业经营管理面临的新挑战。

二、长期影响

(一)旅游消费需求发生变化

新冠肺炎疫情对当前经济社会生活各方面都产生了巨大影响,人们的消费心理也发生了一定变化,对旅游消费的需求也必然发生变化。

1.旅游消费"报复性"增长较难出现。关于旅游消费需求的变化主要有两种观点,一种持有"报复性增长"观点,认为新冠肺炎疫情抑制了居民的旅游需求,加之在家中隔离较长时间,更加向往外出游览、观光,疫情得到控制后人们会释放压抑已久的旅游欲望。另一种持有"较为悲观"观点,认为疫情使社会经济遭受损失,居民工资、奖金等收入受一定影响,复工后可能会减少周末和节假日休息时间,旅游消费信心会受到较大影响。旅游作为广大人民群众生活的重要组成部分,旅游需求的基本面虽然不会改变,旅游消费需求的恢复时间和程度与疫情控制程度有关。全球范围内疫情的出现,也在相当长一段时间内将对出境游、入境游产生影响,疫情严重地区即使疫情解除后短期旅游市场仍将保持低迷。因此,疫情解除后旅游消费"报复性"增长较难出现。

2. 旅游消费"线上化"习惯得到培养。由于新冠肺炎的蔓延,人们不得不宅在家中,这也改变了很多人的娱乐、生活、工作习惯。疫情特殊时期催生了线上办公、线上教育、线上娱乐、线上医疗等产品爆炸式增长,"宅经济"悄然成型,一些新的业态和模式,重塑人们消费观念与消费习惯。新冠肺炎疫情期间,"云旅游"成为人们深居简出生活的一种休闲方式。所谓"云旅游"是指依托线上直播、语音导览、虚拟现实技术等,在线上展示和体验线下旅游活动。据文化和旅游部介绍,疫情期间各地博物馆推出 2000 余项网上展览,春节期间总浏览量超过 50 亿人次,众多 5A 级景区开辟了线上游览功能,一批VR 文化旅游产品在网上传播,让人们足不出户就可以领略到祖国大好河山和丰富多彩文化。"云看展""云赏花""云春游"等活动被市场接受,旅游消费从线下转向线上,从实地观景变为虚拟赏景,旅游消费"线上化"习惯得到培养。

3. 旅游消费"结构性"升级势在必行。受疫情影响,旅游者对康养旅游、生态旅游、度假旅游、研学旅游等产品的关注和需求相应提高,对游览、住宿、餐饮等旅游活动和服务的安全性提出了更高要求,对家庭游、亲子游、自驾游等出游方式更加青睐,旅游消费升级势在必行。旅游消费的安全务必得到保证,例如旅游景区实名制预约、购票,实现旅游者远端分流与容量控制。旅游消费的应急管理得到加强,例如完善旅游景区、酒店突发公共安全事件应急预案,推广绿色餐饮、绿色住宿,为旅游者提供一个安全、绿色、舒心的旅游环境。旅游消费的品质得到提升,例如加大旅游业与医药、体育、教育等行业的融合,创新推出高品质的专项旅游产品,丰富供给。

(二)加速旅游企业优胜劣汰

疫情使整个旅游行业蒙受了巨大损失,这样的打击对旅游企业的经营实力、商业模式、管理应变等带来了考验,事实上也加速了旅游企业的优胜劣汰。

1. 行业集中度进一步提高。疫情的发生对旅游企业是一次严峻的考验,疫情过后旅游行业将加速洗牌,具有强大危机管理能力和市场适应能力的龙头企业,将会占据更多市场份额,而抗风险能力弱、竞争力小的中小企业会加速消失。2020年2月28日,百程旅行网宣称因新冠肺炎疫情影响,公司无法运转,决定关闭并启动清算准备,成为在疫情冲击下倒闭的旅游OTA之一。春节本是一个旅游高峰期,受新冠肺炎疫情影响,机票、酒店等旅游产品退改,带来数亿元级别的资金需求。这对于携程、同程艺龙、飞猪、马蜂窝等体量较大的平台来说,尚可应对。但对于以传统旅行社为代表的小微企业,疫情重创将使得原本竞争激烈、利润较小的旅行社行业重新洗牌。

2. 新兴商业模式得到催生。2003年的"非典"疫情推动了旅游电子商务的崛起,包括携程、同程艺龙等大型旅游企业均在那个时间得到快速发展。本次疫情也催生了一批新的旅游商业模式。例如,同程国旅和咪店达成战略合作关系,首周实现流水过亿元,通过跨界运营方式实现企业自救;首旅如家针对节后返程、企业返工人员的隔离需求,在全国推出了1800多家"放心酒店",主动对接市场需求,提高酒店入住率;海昌海洋公园联合新浪微博、抖音、快手、头条等多个平台开启线上"云直播"模式,通过在线游园、在线科普讲解提升亲子客群黏性,为复工开园打下基础。后疫情时期,旅游企业的自我修复和研发创新能力不断聚集,倒逼部分新兴商业模式产生。

（三）旅游业长期向好趋势不变

旅游业具有敏感性特点,伴随着外部环境的应激反应,旅游行业不断成长。危机事件一定程度上冲击旅游发展历程,但是并不会改变旅游业长期向好的趋势。

1.**历史经验凸显旅游韧性。**根据世界旅游业理事会(WTTC)发布的全球旅游业危机研究报告,2001—2018 年,国际上至少有 90 次危机对旅游业产生过影响。报告分析了危机之后旅游业复苏的情况,结论表明:受恐怖主义影响的地区,旅游业恢复周期平均为 11.5 个月;受政局动荡和动乱的影响,恢复期最长,平均需要 22.2 个月;受自然灾害影响,恢复期平均为 16.2 个月;受疫情影响的平均恢复周期为 19.4 个月,时间跨度从 10 个月到 34.9 个月不等。受"非典"疫情影响,2003 年 4—6 月,我国入境旅游和国内旅游在 2003 年出现十年不遇的首次下降。但是,"非典"过后,随着中央及地方层面的救市政策陆续出台,中国旅游业进入快速恢复期。历史经验表明,旅游业具有较强的韧性,危机事件得到成功控制后,旅游业都会表现出强劲反弹。

2.**旅游需求成为生活必需。**尽管旅游业受疫情影响较大,旅游业暂时"停摆",但旅游消费并未"一去不复返",只是暂时进入"蛰伏期"。新冠肺炎疫情与"非典"疫情的影响虽有不同,但是国民旅游的需求并没有消失,而且还会因受到抑制而保持巨大潜力与强烈预期。长期来看,作为居民消费升级的重点领域,旅游已逐渐成为大众化、常态化生活需求,行业供给也步入全域旅游、文旅融合的新阶段。此外,消费在疫情后国民经济迅速恢复、健康发展中起到重要作用。旅游消费作为消费需求的一种,具有带动系数大、综合效益好等特点,旅游消费信心恢复和刺激将会是疫后经济恢复的重点。

3.**政策帮扶支持旅游复苏。**疫情初期,为了帮扶损失严重、生存困难的旅游企业,文化和旅游部及时发布《关于暂退部分旅游服务质量保证金支持旅行社应对经营困难的通知》，后续印发了《关于用好货币政策工具　做好中小微文化和旅游企业帮扶工作的通知》和《关于积极应对疫情影响　保持导游队伍稳定相关工作事项的通知》等，支持旅游企业渡过经营难关。疫情后期，旅游部门不仅统一部署旅游活动复工复产，各级政府部门积极制定振兴政策，稳步推进旅游市场复苏。例如，2020 年 3 月 13 日，国家发改委、商务部、文化和旅游部等 23 个部门联合发布《关于促进消费扩容提质　加快形成强大国内市场的实施意见》。2020 年 3 月 22 日，海南省政府出台《海南省旅游业疫后重振计划——振兴旅游业三十条行动措施(2020—2021 年)》。在强有力的政策帮扶下，旅游消费信心有望得到恢复，旅游供给也将会迅速得到恢复。

第三节　表面影响和深层影响

从旅游业改革升级的角度切入，本节着重探讨新冠肺炎疫情对我国旅游业的表面影响和深层影响。

一、表面影响

（一）封锁交通减少旅游流动

疫情防控初期，社会宏观流动受到较大限制，公路、铁路、航空等旅客运输服务受到严格管制，地铁、公交、轻轨等城市公共交通基本停运。旅行是旅游的前提和基础，大范围、大幅度的旅游流动性受阻，旅游活动难以实现。

1. 旅游活动依赖流动性。旅游活动具有异地性和流动性，是指旅游者基于观光、休闲、游憩、度假等旅游需求，离开常住地或惯常环境，前往异地或非惯常环境的活动。旅游的异地性决定了游客的空间移动，旅游的流动性决定了游客的短暂停留。作为一种跨地区、跨国界的活动，旅游的特性使旅游者和目的地居民都具有感染的可能，并且人员流动增加了疫情传播风险。

2.交通封锁减小流动性。为了预防新冠肺炎疫情扩散蔓延,从中央到地方采取了严格封锁措施。作为疫情爆发的核心,2020年1月23日国家作出了武汉封城决定,全市公交、地铁、轮渡、长途客运暂停运营,机场、火车站离汉通道暂时关闭,有效避免了大规模病源扩散。全国其他地区也采取交通管制措施,通过减少或暂停省际客运、旅游包车、火车航线、路口劝返等方式,有效减少了人员的流动性。由于封锁交通,使流动性大大减小,旅游者前往异地进行旅游活动的前提条件不复存在。

(二)隔离防控杜绝旅游集聚

旅游活动具有聚集性和组织性,是指旅游者根据旅行社安排或自行安排,通常以朋友、家庭、团队等方式前往旅游目的地或景点进行旅游。由于春节假期旅游出行较多,旅游景区通常人满为患,聚集大量来自全国各地的游客。因此,突发传染病性质的公共卫生事件对旅游活动影响极大,游客在参观游览过程中极易被传染。此外,多数人文景点、博物馆、主题公园等旅游场所空间较为密闭,疫情传播风险较高。因此,文化和旅游部接连发文,暂停全国旅行社及在线旅游企业经营团队旅游及"机票+酒店"产品业务,暂时关闭博物馆、文化馆、旅游景区等场所,旅游活动实现的客观条件也不再具备。在举国抗击新冠肺炎疫情中,全国人民也严格遵守着"疫区集中隔离、非疫区居家隔离"的号召,在全面解除疫情通知以前,坚决减少外出,这使得旅游活动基本消失。

(三)恐惧心理抑制旅游动机

根据马斯洛的需求层次理论,人的需求从低到高可划分为五种,依次是生理需求、安全需求、社交需求、尊重需求和自我实现的需求。其中,前两个属于较低级层次的需求,后三个属于较高层次的需求,而旅游需求属于高层次的人类需求。马斯洛认为,人们只有在满足了较低层次的需求后,才会追求较高层次的需求。旅游者对旅游风险十分敏感,一旦发生了负面事件,会引起旅游需求的巨大波动。2020年爆发的新冠肺炎疫情传播力较强,几乎波及全球所有国家,其传播性强、潜伏期长,虽然致死率低于 SARS 病毒,但依然对全国人民造成了巨大的心理压力。受新冠肺炎疫情影响,出于安全的考虑,绝大部分游客首先应满足的是安全的需求,所以不外出旅游成为大多数人的选择。疫情对社会经济也造成了巨大破坏,经济恶化不仅使得人们的当期收入减少,还对预期收入产生担忧,出于对未来生活保障的考虑,人们的消费意愿会有所下降。

二、深层影响

(一)旅游业的属性引发思考

新冠肺炎疫情是现代旅游产业遇到的最广范围、最大强度的公共卫生危机事件,旅游业在危机应对中的动向、规律、经验值得深入研究。在遭受巨大损失的同时,关于旅游业的敏感性和脆弱性、弹性和韧性等特性值得进一步思考。

1. 旅游业的敏感性与脆弱性。关于旅游业的"敏感性"讨论,已基本取得学界、业界的认可。旅游产业具有关联性特征,旅游活动的实现需要交通、金融、保险、卫生、零售、通讯等多个行业相互支撑;旅游产业具有综合性,旅游活动涉及"吃、住、行、游、购、娱"等要素,和第一产业、第二产业、第三产业密切相关。因此,旅游业某一个环节出现问题,或某一类相关行业出现危机,都会影响到旅游活动,旅游业的敏感性特征长期存在。但是,旅游业是否具有脆弱性,这引起了广泛的争论。遭受"非典"疫情冲击过后,中国旅游业再次遭遇重大疫情危机,旅游业到底受到多大影响,多久能够恢复很难得以确定。根据历史经验,旅游资源的吸引力依旧存在,外出旅游的动机依然还有,旅游业抵抗风险的能力又再次得到了提升,旅游业长期持续发展的趋势并不因疫情出现而改变。所以,旅游业具有"敏感但不脆弱"的属性特征。

2. 旅游业的韧性和弹性。旅游业虽极易受外部危机事件的影响,但也有极强的韧性。近 20 年来,我国旅游业发展遭遇多次危机事件,但是旅游业总能快速迎来反弹。2003 年 SARS 危机后,2004 年旅游业强力反弹,2008 年全球经济危机后,2009 年旅游业迎来反弹。我国已进入大众旅游时代,旅游已成为衡量现代生活水平的重要指标,成为人民美好生活的刚性需求和生活方式。与汽车、地产、建筑等行业相比,旅游业明显具有较快的恢复重振能力。同时,后疫情时期旅游消费将会是经济复苏的重要抓手,政府相关部门不仅会给予旅游企业在融资、税收、补贴等方面的优惠措施和扶持,也将会出台相关旅游消费刺激政策,帮助旅游业快速恢复。因此,新冠疫情下旅游业的韧性和弹性将会得到体现。

(二)国家休假制度亟待调整

新冠肺炎疫情对 2020 年春节旅游带来灭顶之灾,也是我们反思休假制度的机会。未来,我们要协调"黄金周"、带薪休假、周末休假之间的关系,支持人们错峰出游,减少过度集聚带来的风险,不断提高旅游满意度。

1. 优化"黄金周"制度。自 1999 年,"黄金周"休假制度已持续 20 多年。"黄金周"政策制定的背景是当时经济并不景气,消费市场低迷。诚然,该制度对于拉动国民经济消费、带动旅游业发展贡献巨大。但是,"黄金周"制度的弊端也逐渐显现。例如,景点人满为患,超负荷接待导致旅游资源破坏;交通拥堵、景区拥堵现象严重,造成旅游体验效果欠佳;旅游价格过高,服务品质下降,消费者的利益受到一定影响。公共疫情危机背景下,"黄金周"旅游旺季的传染风险更大。因此,适时调整现有 2 个"黄金周"加 5 个"小长假"格局,恢复"五一"长假,将一定程度上缓解"春节黄金周"和"十一黄金周"间隔过长问题,有利于分散现有"黄金周"过于集中的旅游压力。

2. 落实带薪休假制度。带薪休假是国际通行的休假制度,我国 1994 年的《劳动法》和 2007 年的《职工带薪休假条例》均明确了职工享有带薪休假的权利。带薪休假制度不仅可以保障单位正常工作和员工休假权利,也有利于分散全民休假时段,缓解集中休假引发的一系列弊端。然而,现实中全面落实带薪休假制度仍存在较大差距和阻碍。2019年,国家发改委、文化和旅游部发布《关于改善节假日旅游出行环境促进旅游消费的实施意见》,提到要加大力度落实职工带薪休假制度,推动错峰出行。落实带薪休假制度,有利于在时空上疏减、分流旅游休闲高潮,进一步缓解旅游供需矛盾。

3. 鼓励周末2.5天休假。2015年国务院办公厅印发《关于进一步促进旅游投资和消费的若干意见》,其中提到有条件的地方和单位可根据实际情况,依法优化调整夏季作息安排,为职工周五下午与周末结合外出休闲度假创造有利条件。周末2.5天休假自提出后,河北、江西、重庆、甘肃、安徽等10多个省市陆续出台鼓励意见,但是该弹性休假制度执行情况并不乐观。后新冠肺炎疫情时代,为了刺激旅游消费,已有江西、浙江、河北等省份发布措施鼓励推行周末2.5天弹性休假。周末2.5天休假不仅能够增加居民可自由支配的时间,也使人们的活动半径得到进一步扩展,有利于释放居民的消费冲动和消费潜力,对于推动疫后旅游市场复苏振兴具有积极刺激作用。

(三)旅游产业依赖存在风险

新冠肺炎疫情影响之下,旅游业成为重灾区已成定论。尤其对于高度依赖旅游经济的地区来说,由于比较优势存在,地方把旅游业作为重点甚至是唯一支柱产业进行培育,也承担了旅游业敏感性的经济风险。长远来看,地方经济发展要因地制宜,积极推广"旅游+"或"+旅游",降低对旅游过度依赖造成的结构性风险。对于大型集团企业而言,如果把旅游收入作为单一来源收入,也面临着企业破产的风险。如何拓展业务,增加企业经营的多样性,进一步降低旅游波动带来的风险,也是大型旅游企业集团需要考虑的问题。但是,我们也应该注意到,旅游不仅仅是一种经济型产业,也是一种综合性事业。旅游发展对于满足人们美好生活的意义重大,政府不能仅因为风险存在就限制旅游业发展,也应该看到旅游业的社会福利性质。

第四节　不利影响和有利影响

本节从辩证法的视角展开,探讨新冠肺炎疫情对我国旅游业的不利影响和有利影响。

一、不利影响

(一)经济损失大

新冠肺炎疫情对各行各业均造成了一定损失,其中尤以旅游业较为突出。由于疫情防控需要,初期旅游业几乎处于停摆状态,加之春节假期本是旅游旺季,占到全年旅游收入的重要组成部分,因此损失更为突出。旅游经济损失包括:一是整体旅游行业损失。根据中国旅游研究院公布的仿真测算基准数据,受疫情影响,2020年一季度及全年,国内旅游人次分别负增长56%和15.5%,全年同比减少9.32亿人次。国内旅游收入分别负增长69%和20.6%,全年减收1.18万亿元。二是旅游企业的损失。由于新冠肺炎疫情爆发突然,很多企业年前准备的旅游产品、旅游活动均无法实现,前期投入难以回收。旅游停摆期间,企业仍面临着人工、房租等支出,第一季度旅游企业损失惨重,陷入生存危机,尤其是实力较弱的中小企业,资金链断裂和破产的风险加剧。三是旅游者的经济损失。尽管文化和旅游部、交通部发布了退订的相关要求,使消费者损失得以降低,但是某些提前支付或已支出费用也需要消费者承担。

(二)波及范围广

根据世界卫生组织的数据,从2002年11月1日至2003年7月31日,中国共诊断出5327例SARS病例,全球有8000余例被确诊。截止到2020年5月1日,全国累计确诊新冠肺炎病例超过8万余例,全球累计确诊新冠肺炎病例超过334万余例。"非典"疫情期间,全国有云南、贵州、西藏等7个省份没有出现病例,且主要传播在东南亚地区。而新型冠状病毒已扩散到全国每个省份,涉及国家超过200个,遍布在亚洲、欧洲、美洲、非洲等地。可见,新冠肺炎疫情传播非常广泛,全国各地和海外国家均采取了疫情防控措施。在此影响下,本次突发公共卫生事件对于旅游业影响的波及范围十分广泛。当目的地国家或地区发生疫情危机时,一方面各国会有针对性地发布旅游预警通告,另一方面游客自身会避免前往事发区域,由此带来客流量的锐减。

(三)影响时间长

一般来说,危机事件对旅游业的冲击都比较严重,通常恢复时间在1年左右。以SARS疫情为例,2004年中国旅游业统计指标恢复到了2002年水平,用时近1年的时间,但人均旅游花费却低于2002年。由于新冠肺炎疫情潜伏期较长,且潜伏期内仍具有一定的传染性,这说明疫情完全得到控制的日期还有一段时间。在疫情拐点仍未出现的背景下,旅游业恢复期还未定,当前旅游部门和企业工作仍将以防止传染为首要目的。另外,WHO把中国新冠肺炎疫情列为国际关注的突发性公共卫生事件,短时间内出境旅游和入境旅游仍难以恢复。最后,也应看到新冠肺炎疫情陆续在韩国、日本、意大利、美国等海外国家进入爆发期,全球疫情仍有继续扩大趋势,全球旅游业前景仍存在较大不确定性。

二、有利影响

(一)旅游消费加速调整升级

新冠肺炎疫情大爆发唤醒了人们的生命意识、卫生意识、健康意识、家庭意识等,人们的价值观也会得到一定变化。旅游消费在疫情期间受到极大抑制,也使市场有机会反思旅游消费中的问题。在消费升级大背景下,旅游消费也加速了调整的步伐,一些新的旅游消费需求、方式、特征将会逐渐显现。

1. 旅游消费时间错峰出游。疫情防控期间,"少聚集、不扎堆"成为阻断病毒传播的有效措施。旅游活动容易引起人流聚集,"黄金周"等旅游旺季表现更为突出。出于对公共卫生传染病的担心,游客的自我防护意识将会在疫情期间得到提高。在未来的旅游出行中,旅游者的消费倾向会向错峰出游转变,出游时间会选择避开旺季。在旅游过程中,会更多考虑采用预约措施,通过合理规划时间和行程,避开游客过于聚集的时间点和目的地。未来国家休假制度也会进一步优化,带薪休假、周末 2.5 天休假等改革将会使错峰出游时间得到保障。以景区为代表的旅游企业,也将会加强线上售票、游览预约和交通调配,强化聚集性传染病防控和客流引导。

2. 旅游消费方式低密高质。通过这次疫情,人们的生态意识、环保意识、卫生意识将会得到提高,对旅游设施和服务的品质要求会有所提升。在居家隔离中,人们对生命的意义和价值也会有新的认识,追求高品质的生活体验也将是疫后的新变化。因此,消费理念的变化也将带动旅游消费方式的调整。在目的地选择方面,人们会考虑避开热点旅游区、拥挤旅游区以及“网红”旅游区,进而转向人员较为稀少的温冷旅游景点;在出行方式选择方面,人们会考虑避开大众团队旅游,进而转向少聚集、更私密的私家团、家庭团或自助游、自驾游,更加注重旅游过程中的舒适性;在产品质量方面,人们的消费观念会进行一定调整,不再追求走马观花式的粗放旅游,注重健康、质量、体验的优质旅游产品将更受青睐。

3. 旅游消费产品提质升级。主要表现在以下几个方面:一是生态化。受疫情影响,国家会加强对野生动物的保护和管理,也会激发游客的生态保护责任。在产品内容方面,游客会更加追求生态、环保、康养、运动等旅游产品,贴近自然、生态体验的旅游消费将会增加。二是自助化。在组织形式方面,比重日渐下降的团队旅游将进一步衰弱。集聚是旅游团队的重要特点,出于对传染病的恐惧心理,长距离、大规模的团队旅游需求较难快速恢复。另外,由于疫情防控居家隔离的需要,人们和家人相处的时间增加,家庭之间的沟通、交流进一步增多,疫情后以自助、自驾为方式的家庭出游会有较大增长。三是智能化。疫情期间,游客线上消费的习惯进一步巩固,在线预定、线上预约、"云游"等将加速推进。随着越来越多的技术应用变得成熟,传统旅游产品将融入更多的智慧服务、智能体验,游客会得到更加安全、便利和舒适的服务。

(二)旅游企业积累管理经验

对于旅游企业来说,新冠肺炎疫情危机的冲击,不仅仅是一个加速淘汰的过程,也是一次加速升级的机会。对于能够积极应对危机、主动作出调整、经受危机考验的旅游企业,最终将化危为机,积累大量管理经验。

1.主动应对,增强危机管理能力。在每一个危机时代,都会涌现出一批成功的企业,旅游企业也不例外。2003年"非典"时期,通过积极布局线上旅游业务,携程在疫后恢复期获得快速成长,不仅于当年年底成功赴美上市,并逐渐成长为全国规模最大的旅游集团。历史告诉我们,旅游业长期与天灾、疫情、金融危机、恐怖活动等危机事件相伴,旅游企业应把危机管理作为日常性工作加以确立,不断完善旅游应急管理体系。在危机发生前,应制定危机管理方案,做好常态下的风险评估、预案管理、预案演练和应急准备工作;在危机发生后,应积极主动应对,对内完善和优化管理制度,加强人力资源培训,对外密切关注市场需求变化,加强产品研发和行业合作。

2.多元经营,降低单一行业风险。本次突发新冠肺炎疫情给高度依赖客流量的旅游企业带来巨大影响,但不同体量的企业抗风险能力差异巨大。大企业业务较为多元化,经营战略选择余地更大,在疫情影响下虽然业绩受损,但充足的现金储备能够帮助公司度过危机,同时完善的业务布局也会帮助公司更快地从低谷反弹。疫情期间,同程国旅携手咪店跨界合作,旅游顾问变身为电商店主,通过自身销售经验和客户人脉,顺利实现主营业务停摆期间企业有营收、员工有收入的目标。因此,对于大型旅游企业,可以考虑科学布局多种经营业务,在遇到危机暂停旅游盈利项目时,通过多元化经营化解行业风险。

3.科技赋能,积极拥抱智慧旅游。疫情防控期间,全国各地取消线下活动的时候,拥有线上平台和数字化能力的企业反而大展拳脚,线上购物、线上医疗、线上办公、线上教育等一批商业模式快速发展。现代信息技术的运用开始渗透到各行各业,也为未来旅游业发展带来机遇。随着科技发展和5G时代来临,通过科技赋能旅游企业,大力发展智慧旅游,将拓展空间广度、打破时间桎梏、增加产品获利能力。例如,智能化和无人化在住宿业中的体现。通过利用人工智能、大数据、人脸识别、机器人等技术,传统的入住退房、客房餐饮等人工服务环节可以通过无接触实现。再例如,智能游览在景区中的体现。通过无人机、摄像头等组合监控,配合以大数据动态对比、分析和预测,旅游景区客流量能够实时动态进行准确监测,便于为游客提供更安全、更优质的旅游体验。

(三)旅游发展迎来改革契机

新冠肺炎疫情对旅游业造成一定的负面冲击,但是疫情可能加速我国旅游发展模式的变革,倒逼旅游业转型升级。通过突如其来的疫情危机,促使人们发现旅游行业存在的薄弱环节,反思旅游发展中的问题,恰好也是促进旅游业改革的契机。

1.高质量发展目标不变。长期以来,我国旅游业发展存在"大而不强""快而不优"等问题,旅游发展方式粗放、竞争力不强等问题长期存在。2019年12月13日,中央经济工作会议上指出,要着力推动旅游业高质量发展。新冠肺炎疫情虽使我国旅游业受到了阶段性冲击,但是全面推动旅游业转型升级、高质量发展的战略目标并未改变。后疫情时代,旅游业的恢复振兴将会与高质量发展相结合,政府、旅游企业、行业协会应有针对性地提出疫后旅游业高质量振兴的策略。如何优化旅游产品、如何提升服务质量、如何提高游客满意度,这些问题不仅仅是旅游恢复面临的问题,也是旅游产业改革发展面临的问题。

2.数字化转型寻求突破。2020年4月5—6日,故宫博物院联合新华社、抖音、中信出版社等平台,在抖音上开启2020年首次直播。根据相关统计,这次"云游故宫"活动吸引了966万网友在线观看。疫情之下,传统线下旅游活动暂停,一大批线上旅游直播、营销、培训等活动兴起,数字化转型是这次疫情为旅游业带来的重要启发。数字旅游是一项系统工程,指整个旅游活动过程的数字化、网络化、智能化。阿里的未来酒店全部服务由人工智能完成,不仅减少了人工成本,在疫情期间还可以减少接触和感染风险。迪士尼乐园虽然在疫情期间关闭了,但是衍生的动画片、商品等业务仍可获得收益。推动互联网、人工智能、大数据、VR 技术等与旅游业的深度融合,将会为振兴旅游发展注入新动能。

3.供给侧结构性改革加速推进。近年来,旅游各细分领域开始出现不景气特征,例如景区收益率低、星级酒店微利、旅行社亏损、主题公园收入下降等问题,其背后反映出旅游供给侧要素资源配置的不合理和效率低下的问题。从需求端看,旅游消费迎来分层化、散客化、个性化、复合化变化,但是旅游供给侧的产品和服务并未与之较好匹配。一些盲目投资上马、缺少盈利模式的项目和产品,在疫情冲击下面临巨大生存危机。通过疫情,可以挤出旅游投资的机会主义,能够使一批具有优质产能的项目和企业涌现出来。疫情也会加剧竞争,通过市场倒逼,促进旅游行业加速转型,促进产品和服务升级,促进机制体制和政策体系改革。

第三章　新冠肺炎疫情对旅游业影响测评

第一节　重大突发事件对旅游业的影响回顾

一、非典型肺炎对旅游业的影响回顾

严重急性呼吸综合征（Severe Acute Respiratory Syndromes），又称传染性非典型肺炎，是一种因感染 SARS 冠状病毒引起的新的呼吸系统传染性疾病，主要通过近距离空气飞沫传播。以发热、头痛、肌肉酸痛、乏力、干咳少痰等为主要临床表现，严重者可出现呼吸窘迫。

（一）非典型肺炎感染情况

SARS 具有较强的传染性，在家庭和医院有显著的聚集现象。2002年11月，广东佛山发现全球首例 SARS 感染者，到2003年2月已呈现全球流行态势。2003年4月17日，中央政治局常务委员会召开会议，多部委开始积极采取行动全力应对非典型肺炎疫情。2003年4月21日，国务院取消当年的五一长假；原国家旅游局紧急通知，调整4月下旬到5月底国内旅游工作部署，切实防止非典型肺炎通过旅游活动扩散。全球疫情方面，2002年11月至2003年8月，29个国家报告临床诊断病例8422

例,死亡 916 例,报告病例的平均死亡率为 9.3%。据亚洲开发银行 2003年底的估计,受 SARS 影响,2003 年中国经济损失为 177 亿美元(约合1482 亿元人民币),占当年 GDP 的 1.09%。

(二)SARS 疫情对旅游业总收入的影响概述

2003 年受"非典"影响,中国旅游业各主要经济指标出现了自 20 世纪 90 年代以来的首次负增长。据《2003 年中国旅游业统计公报》数据显示,2003 年入境旅游人数为 9166 万人次,其中外国人 1140 万人次,入境过夜旅游者 3297 万人次,旅游外汇收入 174 亿美元,分别比上年减少6.4%、15.1%、10.4% 和 14.6%;国内旅游人数 8.7 亿人次,国内旅游收入3442 亿元,分别比上年减少 0.9% 和 11.2%;旅游业总收入 4882 亿元,比上年减少 12.3%。尽管 2003 年 7 月国家旅游局就正式解除了对跨区旅游及出境旅游的限制,但直到 2004 年旅游业才出现明显的迅速反弹。

二、重大突发事件对旅游业的影响回顾

(一)2008 年重大突发事件情况

1. 2008 年雨雪冰冻灾害。从 2008 年 1 月 3 日开始,我国南方发生了大范围低温、雨雪、冰冻等自然灾害。中国的上海、江苏、浙江、安徽、江西、河南、湖北、湖南、广东、广西、重庆、四川、贵州、云南、陕西、甘肃、青海、宁夏、新疆等 19 个省(区、市)均不同程度受到低温、雨雪、冰冻灾害影响。截至当年 2 月 24 日,因灾死亡 129 人,失踪 4 人,紧急转移安置166 万人;农作物受灾面积 1.78 亿亩,成灾 8764 万亩,绝收 2536 万亩;倒塌房屋 48.5 万间,损坏房屋 168.6 万间;因灾直接经济损失 1516.5 亿元人民币。森林受损面积近 2.79 亿亩,3 万只国家重点保护野生动物在雪灾中冻死或冻伤;受灾人口超过 1 亿。其中安徽、江西、湖北、湖南、广西、四川和贵州等 7 个省份受灾最为严重。

2. 2008 年汶川"5.12"特大地震。2008 年 5 月 12 日 14 时 28 分 04秒,四川省汶川县突然发生 8.0 级特大地震,震中位于四川省汶川县映秀

镇与漩口镇交界处。汶川地震严重破坏震中 50 千米范围内的县城和 200 千米范围内的大中城市。陕西、甘肃、宁夏、天津、青海、北京、山西、山东、河北、河南、安徽、湖北、湖南、重庆、贵州、云南、内蒙古、广西、广东、海南、江西、西藏、江苏、上海、浙江、辽宁、福建等全国多个省（区、市）和香港、澳门特别行政区以及台湾地区有明显震感，甚至泰国首都曼谷，越南首都河内，菲律宾、日本等地均有震感。截至 2008 年 9 月 25 日 12 时，汶川地震已确认有 6.9 万人遇难，37.5 万人受伤，1.7 万人失踪。这场罕见的特大地震造成严重经济损失，截至 2008 年 9 月 4 日，汶川地震造成的直接经济损失达 8452 亿元人民币。

3.2008 年国际金融危机。除了爆发了两次百年不遇、损失极为惨重的特大自然灾害之外，2008 年还发生了由美国次贷危机所引起的全球性金融风暴。美国因次级抵押贷款机构破产、投资基金被迫关闭、股市剧烈震荡引发金融风暴，导致全球主要金融市场出现流动性不足危机。"次贷危机"开始于美国，2007 年 8 月开始席卷美国、欧盟、日本等世界主要金融市场，我国的金融市场及外贸出口行业受到的影响最为显著。

（二）2008 年重大突发事件对旅游业的影响概述

1.自然灾害对旅游业的影响。2008 年中国旅游业经历两次严重突发自然灾害重创，其中，旅游市场受到的影响最为严重。首先，从旅游市场供给方来看，旅游产品的供给具有联动性，冰雪灾害及特大地震最直接的影响是使得景区内的自然、人文景点被破坏，无法正常使用，景区景点游览质量下降，对消费者的吸引力下降。自然灾害出现之后，景区内部、周边腹地、必经交通要道在未来一段时间内存在安全隐患，增加旅游企业的运营风险及营业成本。在道路交通方面，受灾重点区域交通瘫痪，同时破坏了周围区域路网。例如，受冰雪灾害影响，京广铁路、京珠高速等南北交通大动脉的中断使得全国旅游通达性受到影响，受灾地区旅游企业停摆，大量旅游团被迫取消行程，市场旅游产品供给数量下降。从旅游市场需求方来看，一方面，旅游商品供给量下降，消费者能够购买到的实际旅游商品数量减少;另一方面,恶劣天气情况使得旅游者出行意愿下降。冰冻灾害导致几十万旅客滞留车站,2008年2月3日滞留广东站的旅客一度达到30万人次,更有部分出行旅客被阻断在交通运输沿线,长时间滞留在低温环境中,食品供给缺乏,生命财产受到严重威胁。此外,汶川特大地震造成我国数以万计的同胞遇难,消费者出游意愿大幅下降。

2.经济危机对旅游业的影响。"次贷危机"对我国旅游市场的影响主要集中在消费需求方面,最直接的后果是货币流动性不足,意味着消费者持有的现金量下降,旅游产品购买力不足。另一方面,入境旅游也受到影响。入境旅游本质上属于服务贸易出口,而商品及服务贸易出口是2008年国际金融危机影响的重灾区。

(三)2008年重大突发事件对旅游总收入的影响

2008年爆发的雨雪冰冻灾害、特大地震及国际金融危机对旅游带来了严重的影响和冲击,最明显的表现是我国当年的旅游总收入损失惨重。图3-1统计了2006—2019年我国旅游总收入及其增长率的变化情况,从历年旅游统计中可以直观看出2008年旅游总收入的受影响情况。其中,柱状图为2006—2019年历年旅游总收入,折线图为其增长率。2008年旅游总收入增长率为5.5%,远低于考察期内的平均增长率。

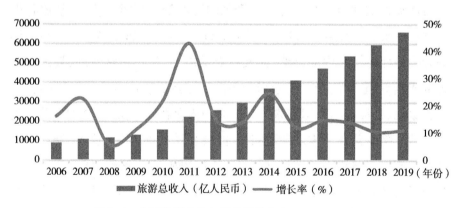

图3-1 中国旅游总收入及其增长率(2006—2019年)

第二节　重大突发事件对旅游业的影响统计

一、重大突发事件对国内旅游的影响统计

（一）重大突发事件对国内旅游市场供给的影响

旅游行业在国民经济中所占比重反映了旅游行业的整体规模是否发生改变，可用指标 P_t 来描述。如果把其他行业视为一个整体，$P_t = \dfrac{年度国内旅游收入}{年度国民生产总值}$，$P_t$ 可用来衡量旅游行业相对于其他所有行业的规模比重。如果把国内所有行业视为一个整体，则 P_t 的经济意义为旅游行业相对于国内其他所有行业的相对规模。如果 P_t 上升，意味着在其他外部条件不变的情况之下，旅游行业相对于其他所有行业的比重上升；反之，P_t 下降，则意味着在同等条件下，旅游行业规模与其他行业的平均状况相比规模收缩。

根据图 3-2 所示，计算了 1994—2019 年 P_t 的实际计算值及其增长率。其中，柱状图代表 P_t 的实际计算值，折线图代表 P_t 的增长率。

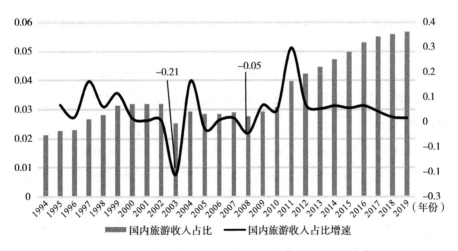

图 3-2　中国国内旅游收入占比及其增速（1994—2019 年）

1. SARS 疫情对国内旅游市场供给的影响。从 P_t 值和其增长率来看,1994—2002 年期间我国国内旅游占比保持稳定上升态势,2003 年"非典"时期 P_t 出现较大下降,自 2004 年开始进行反弹。2003 年"非典"疫情对各行各业均构成影响,相对于平均行业水平,旅游行业增长规模为-21.38%。这意味着,相对于其他行业而言,旅游行业对突发疫情表现得更为敏感,突发人际传染疫情将给旅游行业造成更严重的损失。

2. 2008 年重大突发事件对国内旅游市场供给的影响。2004—2007年,我国国内旅游收入占比保持较为稳定的态势。从 P_t 的值及其增速来看,除了 2003 年"非典"时期 P_t 的增长率为-21.38%外,2008 年 P_t 的增长率为-4.74%,这说明受重大突发事件的影响,2008 年旅游行业规模与其他行业的平均状况相比规模收缩。2009—2019 年,我国国内旅游业发展步入黄金期,国内旅游收入占比逐年上升,说明国内旅游业的经济地位也在不断提高。

(二)重大突发事件对国内旅游市场需求的影响

国内旅游人数是国内旅游市场中消费者购买旅游产品意愿的直接体现,是国内旅游市场需求变化的重要指标。一般来说,国内旅游市场更易受重大突发事件的影响,尤其是本国发生的自然灾害、社会动乱、经济危机等。

根据图 3-3 所示,统计并计算了 1994—2019 年中国国内旅游人数及其增长率。其中,柱状图代表国内旅游人数,折线图代表国内旅游人数的增长率。

1. SARS 疫情对国内旅游市场需求的影响。1994—2002 年,我国国内旅游人数保持不断增长的态势,虽然遭遇 1996 年和 1998 年两场较大洪水灾害,但是国内旅游人数仍保持上升发展趋势。2003 年,全年国内旅游人数为 8.7 亿人次,相比于 2002 年减少 800 万人次,这是我国自1994—2019 年 25 年中,唯一一个国内旅游人数下降,增长率为负的年度。

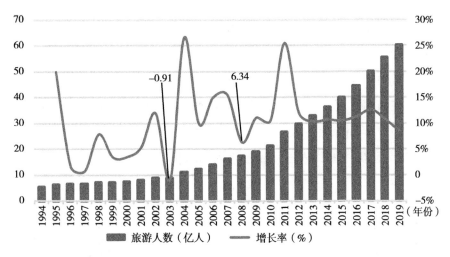

图3-3　中国国内旅游人数及其增长率（1994—2019年）

2. 2008年重大突发事件对国内旅游市场需求的影响。2008年发生雨雪冰冻灾害以及汶川地震，虽然持续时间短，但是雨雪灾害波及范围较大，汶川地震造成人员和财产损失较大，均属于重大突发事件。2008年9月国际金融危机开始波及全国，对国内旅游也造成了一定影响。作为一个重大突发事件多发之年，2008年的国内旅游仍然保持了增长态势，国内旅游人数达17.12亿人次，比上年增长6.3%。但是，相比于2007年15.5%的增速，2008年的国内旅游市场需求仍然受到较大负面影响。

二、重大突发事件对国际旅游的影响统计

（一）重大突发事件对国际旅游市场供给的影响

在旅游统计数据中，国际旅游收入分为商品性收入和劳务性收入两种。其中，商品性收入是指以实物形式为国际旅游者服务获得的收入，包括"商品销售"和"饮食销售"两方面。商品销售收入是指销售给国际旅游者的商品，如工艺品、文物、字画、文房四宝、书报杂志、烟酒、鲜花、化妆品、药品、服装以及旅游纪念品等销售收入。饮食销售收入是指为国际旅

游者提供膳食、饮料等的收入。劳务性收入是指宾馆(酒店、饭店)为国际旅游者提供各种服务的收入,包括长途交通费、住宿费、市内交通费、邮政电讯费、文化娱乐费以及其他服务收入。

通过国际旅游收入统计数据能够从旅游市场供给角度分析旅游商品提供者在游、购、娱、食、住、行六个方面的收入情况。图3-4显示了1994—2019年国际旅游收入及其增长率。其中,柱状图代表国际旅游收入的统计值,折线图代表国际旅游收入的增长率。

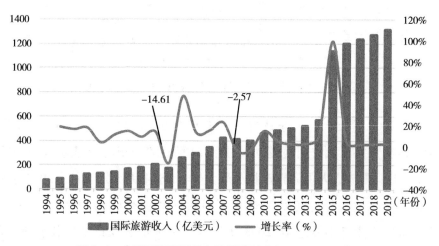

图3-4 中国国际旅游收入及其增长率(1994—2019年)

1.SARS疫情对国际市场供给的影响。自改革开放以来,我国入境旅游迅猛发展,国际旅游收入逐渐成为外汇收入的重要来源。1994—2002年,国际旅游收入保持稳定增长。由于遭受1997年亚洲金融危机影响,当年国际旅游增速虽然有所减缓,但是很快就迎来反弹。2003年,非典型肺炎首先在我国多地爆发,覆盖面相当广泛。为保障生命安全,政府采取了取消假期、限制出行、关闭景区等措施,入境旅游接待受到诸多限制。2003年,实现国际旅游收入174.06亿美元,比上年下降14.61%,入境旅游受到重创。

2.2008年重大突发事件对国际旅游市场供给的影响。2004—2007

年,我国入境旅游发展进入快车道,迅速从"非典"疫情冲击下的低迷期中恢复,保持快速增长的态势。2008年虽然举办了"北京奥运会",一定程度上吸引了大量国际旅游者,但是该年度多个重大突发事件都造成了负面冲击。2008年,我国实现国际旅游收入408.43亿美元,比上年下降2.57%,继"非典"疫情后国际旅游收入再次出现负增长。此次影响的主要原因是国际金融危机,全世界旅游进入低迷期。2009年,我国国际旅游收入继续呈下降态势,同比降低2.86%,直到2010年我国国际旅游收入才实现正增长。

(二)重大突发事件对国际旅游市场需求的影响

重大突发事件对国际旅游的影响较为显著,主要反映在潜在旅游者对旅游目的地的态度和反应上。由于旅游者风险意识、文化背景以及对目的地了解情况不同,国际旅游市场需求易受波动,并且国际旅游需求相比国内旅游需求更加敏感。入境旅游人数是国际旅游市场中消费者购买旅游产品意愿的直接体现,是国际旅游市场需求变化的重要指标。

图3-5展示了1994—2019年中国入境旅游人数及其增长率。其中,柱状图代表入境旅游人数的统计值,折线图代表入境旅游人数的增长率。

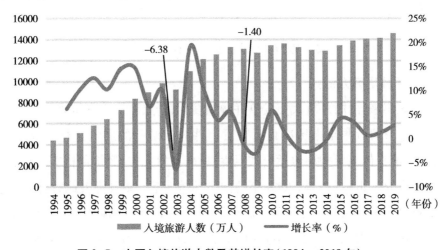

图3-5　中国入境旅游人数及其增长率(1994—2019年)

1. SARS 疫情对国际旅游市场需求的影响。从 2002 年 11 月爆发,到 2003 年的 6 月,SARS 疫情在中国持续了长达 8 个月之久。2003 年 2 月份之前,由于社会公众对病毒了解不足,此阶段疫情并未引起重视,多地旅游活动依然照常进行。直到 2002 年 3 月世界卫生组织将中国的广东、北京、香港等地列为"疫区",世界各国陆续取消与中国的入境旅游业务。2003 年全年,我国共接待入境旅游者 5166.21 万人次,比上年下降 6.38%,这是我国入境旅游 10 多年来的首次下降。2003 年 6 月 24 日,北京实现双解除后,我国政府相关部门采取了一系列恢复发展旅游业的措施,全年入境旅游业实际业绩要好于预期。

2. 2008 年重大突发事件对国际旅游市场需求的影响。2004—2007 年,我国入境旅游人数保持上升趋势,虽然增速逐渐下降,但是入境旅游人数维持增长态势。2008 年,金融危机席卷全球,世界主要经济体经济增长率下降,失业率上升,由此导致国际商务和度假旅游需求减少,世界各国入境旅游均面临较大冲击。中国国际旅游市场也不例外,2008 年入境旅游人数达 13002.74 万人次,比上年下降 1.4%。同时,2009 年的入境旅游人数和增长率也出现负增长,直到 2010 年才恢复到 2007 年的增长水平。

三、历次重大突发事件对旅游业影响比较

(一)研究方法

近年来,国内外重大突发事件频频发生,给旅游业发展带来了严重影响。本节对近些年来历次重大突发事件对旅游业的影响进行统计和比较,选取事件主要类型包括公共卫生事件、自然灾害、经济危机等,分别为 2003 年的"非典"疫情,2008 年的雨雪冰冻灾害、汶川特大地震、国际金融危机,2009 年的甲型 H1N1 流感,2013 年的 H7N9 禽流感。旅游总收入指一定时期内(通常为一年)我国旅游企业提供的所有旅游产品及旅游服务的总和,反映了均衡状态下消费者购买食、住、行、游、购、娱等旅游产

品及服务的总支出,是度量我国旅游行业整体发展规模的重要指标,它由国内旅游收入及国际旅游收入构成。本部分采用的方法为相邻年份比较法,通过事件发生年份相比上年度的增长率来分析重大突发事件对旅游业的影响。

（二）结果分析

根据 2000—2019 年的历史数据进行统计分析,发现我国旅游经济较为敏感,受重大突发事件影响波动较大。图 3-6 显示了 2000—2019 年中国旅游总收入及其增长情况,从图中可以看出 2003 年的"非典"疫情,2008 年的冰雪灾害、汶川地震、国际金融危机,2009 年的甲型 H1N1 流感,2013 年的 H7N9 禽流感等事件对我国旅游经济均造成一定程度冲击,旅游经济大幅下降。2003 年我国旅游总收入同比增长率为 -12.29%,是这 20 年内下降最严重的一次。2008 年我国旅游总收入同比增长率为 5.73%,2009 年我国旅游总收入同比增长率为 11.29%,2013 年我国旅游总收入同比增长率为 13.96%,虽然这三次突发事件年份的旅游总收入仍保持一定增长,但是与考察期内年均 15.62% 的增长率相比,仍然有一定差距,说明未能达到预期增长情况,旅游总收入受到一定的负面冲击。

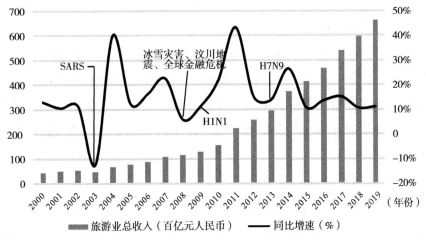

图 3-6　中国旅游总收入及其增长率（2000—2019 年）

根据统计结果显示,不同性质的突发事件、突发事件的影响范围、突发事件的影响时间等对旅游产业的影响强度和周期存在差异。"非典"事件是负面影响最大的重大突发事件,说明旅游业受重大公共卫生事件影响较大。相比于 2008 年的冰雪灾害、汶川地震等自然灾害事件,"非典"事件的影响范围广,且对游客的出游意愿、安全感知影响较大,对国内旅游、入境旅游均有影响。同样作为公共卫生事件,2009 年的甲型H1N1 流感、2013 年的 H7N9 禽流感虽然也对目的地旅游业造成了一定影响,但是由于这两次公共卫生事件影响范围小、持续时间短,因此负面冲击小于"非典"事件。因此,在分析突发事件对旅游业影响的同时,应进一步考虑突发事件的性质、影响范围和影响时间。

第三节　新冠肺炎疫情对旅游业的影响测度

一、研究思路

(一)新冠肺炎疫情对旅游业的短期影响

2020 年 1 月 24 日,文化和旅游部发布《关于全力做好新型冠状病毒感染的肺炎疫情防控工作,暂停旅游企业经营活动的紧急通知》,要求全国旅行社及在线旅游企业在疫情期间全部暂停经营团队旅游及"机票+酒店"产品。新冠肺炎疫情突然爆发,让往年火热的春节旅游变得异常冷清,整个旅游市场遭遇断崖式下跌。春节假期是旅游收入的重要来源,对于重要假日节点旅游影响的测度,有助于把握新冠肺炎疫情对旅游产业的短期影响。

国内各界对春节期间旅游经济受新冠肺炎疫情影响进行了各种推测,存在"春节期间旅游业直接损失 5000 亿元","2020 年春节期间整个旅游业的直接损失在 5500 亿元左右","平均停滞一天旅游业便损失 176亿元"等说法。然而,此种测算多基于历史经验,缺少计量统计的科学支撑。本部分采用反事实推断的思路,通过比较预测值(未发生疫情)和实际值(已发生疫情)之间的差异,来测度新冠肺炎疫情对2020年春节假期旅游业的影响。

(二)新冠肺炎疫情对旅游业的长期影响

根据《国家文化和旅游发展统计公报(2019年)》统计显示,2019年我国国内旅游市场和出境旅游市场稳步增长,入境旅游市场基础更加牢固。全年国内旅游人数60.06亿人次,比上年同期增长8.4%;入境旅游人数14531万人次,比上年同期增长2.9%;出境旅游人数15463万人次,比上年同期增长3.3%;全年实现旅游总收入6.63万亿元,同比增长11.1%。2019年我国旅游业对GDP的综合贡献为10.94万亿元,占GDP总量的11.05%。由此可见,旅游产业不仅保持着快速发展的态势,而且在国民经济结构中的地位愈发重要。

新冠肺炎疫情的爆发给我国社会经济发展带来重大影响,其中旅游业受到巨大冲击,如何评价重大突发事件对旅游业造成的影响,科学合理地评估损失,不仅关系到客观认识疫情的负面影响,对于疫后旅游业振兴和政策制定也具有指导价值。本部分通过反事实推断的思路,通过比较预测值(未发生疫情)和实际值(已发生疫情)之间的差异,来测度新冠肺炎疫情对2020年度旅游业的影响。

二、研究方法

通过对国内外旅游经济预测分析的文献进行分析,发现定量研究主要集中为两类:一类是因果模型;另一类是时间序列模型。在评估各类模型优劣的基础上,选取准确性较高、可读性较强的时间序列模型进行分析。

自相关在计量经济学中主要指的是回归模型中不同观测值其扰动项之间的相关关系。自相关问题通常与时间序列数据有关,所以自相关也称为序列相关。自相关产生的原因主要来自于时间序列内部存在的固有惯性,例如就业、货币供给、价格指数等变量,随机扰动的影响往往会持续一段时间,而不仅仅是一个取值时期。时间序列模型通过记录这种扰动的过程及影响,构建模拟模型、刻画数据变化过程,并可利用模型对数据未来的变化趋势进行预测。本部分主要通过构建带有趋势项的 AR(p)模型,模拟旅游经济主要指标的变化过程,从而判断旅游经济主要指标的未来变化趋势。

主要步骤如下:①模型识别。根据数据特征选择与之匹配最好的时间序列模型。首先根据 Q 统计量检测各阶自回归系数是否联合显著。接下来根据 AIC 和 BIC 信息准则辅助序贯原则确定模型滞后阶数。通过绘图发现数据呈现线性增长趋势,加入时间趋势项解决数据平稳性问题。②参数估计。使用 OLS 估计所选取模型的参数,使得每一个拟合数据与真实值之间误差的方差最小。③模型显著性检验,考察模型设定是否符合 OLS 无偏估计的假设条件。

三、结果分析

(一)新冠肺炎疫情对 2020 年春节假期旅游业的影响测度

使用 STATA14 软件作为辅助计算工具,构建带有时间趋势项的高阶自回归模型(即 AR(p)模型),模拟春节期间旅游收入变量的变化过程,预测在没有新冠肺炎疫情之下理论上旅游收入可以达到的正常值水平。

本部分的数据主要源自文化和旅游部以及原国家旅游局官方数据,受统计数据限制,选取的时间段为 2002—2019 年共计 18 年的春节假期统计数据。回归结果如图 3-7 所示。

图中实线表示我国 2002—2019 年春节假期旅游总收入的实际发生值,虚线为模型的拟合值,两条曲线几乎重合,拟合效果较佳。虚线在直线之上的区间表明理论值大于实际值,其差额为损失额度。根据回归结果,2020 年在无疫情条件下春节假期可实现旅游总收入 5727 亿元。

根据 2020 年 2 月 20 日中国旅游研究院召开的"《中国旅游经济蓝皮

单位：亿元

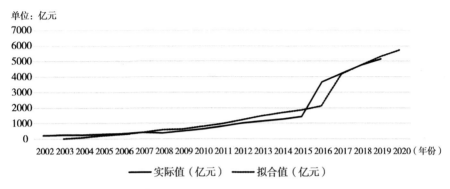

图 3-7　春节假期旅游总收入实际值与预测值的拟合效果

书 No. 12》线上发布会"，戴斌院长介绍的统计数据显示，2020 年除夕至大年初六，旅游市场尽管同比减少了四成有余，但是还有近 2.5 亿人次游客、2800 亿元收入的市场存量。按照此数据，2020 年春节期间旅游总收入的估计值与反事实估计值的差值为 2927 亿元，即春节旅游假期的旅游收入损失为 2927 亿元，损失率为 51. 11%。

根据中国社科院财经战略研究所宋瑞主任的研究结果，结合春运交通数据，通过历史数据和弹性法，测算出 2020 年春节期间旅游总收入的实际估计值为 517 亿元。按照此数据，2020 年春节期间旅游总收入的估计值与反事实估计值的差值为 5210 亿元，即春节旅游假期的旅游收入损失为 5210 亿元，损失率为 90. 97%。

（二）新冠肺炎疫情对 2020 年度全国旅游业的影响测度

本部分基于 2000—2019 年的时间序列数据，使用 STATA14 软件作为辅助计算工具，构建带有时间趋势项的高阶自回归模型（即 AR(p) 模型），模拟旅游总收入（tinc）变量的变化过程，预测在没有新冠肺炎疫情之下理论上旅游总收入可以达到的正常值水平。

本部分的数据主要源自 wind 数据库以及文化和旅游部官方数据，选取的时间段为 2000—2019 年共计 20 年的统计数据。

模型回归效果如图 3-8 所示：

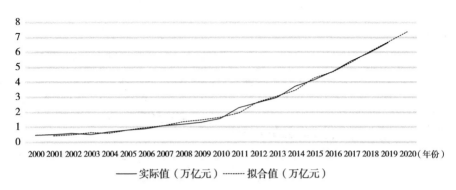

图 3-8　旅游总收入实际值与预测值的拟合效果

上图中的实线表示我国旅游总收入的实际发生值,虚线为模型的拟合值,两条曲线几乎重合,拟合效果较佳。虚线在直线之上的区间表明理论值大于实际值,其差额为损失额度。具体损失额度如下表所示:

表 3-1　全国旅游总收入实际值与预测值

年度	tinc 实际值 （万亿元）	tinc 拟合值 （万亿元）	年度	tinc 实际值 （万亿元）	tinc 拟合值 （万亿元）
2000	0.45	—	2010	1.57	1.62
2001	0.50	0.40	2011	2.25	1.94
2002	0.56	0.50	2012	2.59	2.66
2003	0.49	0.60	2013	2.95	3.04
2004	0.68	0.57	2014	3.73	3.441
2005	0.77	0.80	2015	4.13	4.26
2006	0.89	0.94	2016	4.69	4.70
2007	1.10	1.10	2017	5.40	5.29
2008	1.16	1.35	2018	5.97	6.04
2009	1.29	1.45	2019	6.63	6.65

从表 3-1 可以看出,2003 年受"非典"事件影响,旅游总收入拟合值大于实际值,旅游总收入相比预期减少 1080 亿元,损失率为 18.05%;

2008 年受冰雪灾害、汶川地震、国际金融危机影响,旅游总收入比预期减少 1888 亿元,损失率为 14.00%;2009 年受甲型 H1N1 流感疫情等影响,旅游总收入比预期减少 1613 亿元,损失率为 11.09%;2013 年受 H7N9 禽流感疫情等影响,旅游总收入比预期减少 907 亿元,损失率为 2.98%。根据模型预测结果,2020 年无新冠肺炎疫情下我国旅游总收入的理论值为 73455 亿元,参考中国旅游研究院预测的 2020 年全国旅游收入降至 4.55 万亿元的数据,旅游总收入比预期减少 27955 亿元,损失率为 38.06%。

新冠肺炎疫情是新中国成立以来传播速度最快、感染范围最广、防控难度最大的一次公共卫生事件,也是近代以来全球旅游业面临的最大冲击。本节通过统计分析发现,无论是短期影响还是长期影响,我国旅游业已不可避免地遭受了巨大的损失。在经济高质量发展的背景下,如何实现旅游业振兴恢复,将面临着严峻的挑战和艰巨的任务。

第四章　旅游业应对新冠肺炎 疫情的防控

在新冠肺炎疫情背景下，我国以强力快速防控手段应对史无前例的严重疫情。本章从疫情不同阶段的具体执行措施、有效经验以及未来启示来总结分析我国旅游业应对新冠肺炎疫情防治的情况。旅游业在疫情爆发期以"禁流动、严排查、升内控、强保障"为主要防控措施，在疫情稳定期以"慎重启、促消费、扶企业、报安全"为主要恢复措施，在疫情平息期以"优服务、调结构、倡创新、促升级"为主要振兴措施。最后，进一步总结了"强力快速、科学精准、联防联控、复控同步、常态机制"的旅游业疫情防控经验，以及"稳固内需根基、企业创新应变、加强抗逆研究、旅游韧性治理、安康幸福指针"的旅游业疫情防控启示。

第一节　旅游业应对新冠肺炎疫情的措施

一、疫情爆发期：防控措施

根据全国疫情防控"早发现、早隔离、早治疗"的指导策略，旅游业快速反应，积极应对此次新冠肺炎疫情。旅游发展的核心要素是"流动"，但此次疫情防控的最主要手段是"严控流动"，旅游业在这次新冠肺炎疫情阻击战中的"逆行"防控,从某种意义上说是整个行业的小我牺牲与全局贡献。在此次新冠肺炎疫情爆发期,我国旅游业以强而有力的防控措施和高效的执行力抗疫战疫,在一系列行之有效的防控措施中,"禁流动、严排查、阻传播、强保障"四个方面的经验值得总结。

（一）禁流动

旅游业是"人员流动"特性最为显著的行业,在"控流动、禁聚集"的新冠肺炎疫情防控中,整个旅游业在文化和旅游部的统一部署下,行业整体暂停经营以有效阻断和控制"旅游流动"。旅游产业链中的"吃、住、行、游、购、娱"各要素环节迅速反应,厉行暂停,在疫情防控期从根源上断绝了游客出行的意愿和可能性,有效地将旅游造成的大规模人员跨地域流动控制下来。当然,这种流动阻断是有代价的,整个旅游行业"停摆"短期内会给行业造成巨大损失,但是为了全国防疫控疫的安全大计,这是必须采取的措施。

在国内疫情爆发期,2020年1月24日,文化和旅游部发布通知,暂停经营团队旅游及"机票+酒店"旅游产品。随后,全国各省各地相继迅速关闭景区、暂停旅游社团队游等业务。在重大疫情防控中旅游业行动迅捷有力,"迅速"阻断疫情跨地域传播是旅游业助力全国防控的重要举措。在国际疫情爆发期,旅游业作为境外输入的重要窗口,暂停出入境旅游并严格进行境外输入人员的监测和隔离,是疫情中后期最为重要的防控举措。首先,是旅游出入境的全面暂停,同时在恢复期也要长期严格监测预防疫情输入。其次,在境外旅行输入的防控中,监测实效、控制源头、严格规程、精准管控是重点。最后,是国际疫情恢复后期,要做到边防疫、边宣传,在动态防疫中提振入境旅游。

1. 严格按规暂停运营。疫情防控期间,旅游景区、旅游酒店、旅游餐饮、旅游娱乐、旅游交通、旅游购物经营单位严格按统一规定暂时关闭或暂停运营,不得举办任何公众聚集活动、文化旅游活动及类似活动,切断旅游聚集的疫情扩散风险。

2. 严守防控应急处置。在属地疫情防控指挥部指导下,旅游经营单位需按照疫情防控规定和要求具体落实。专人专班,明确工作职责,细化本单位的疫情防控应急处置实施方案,切实做好疫情防控工作。同时,严格实施疫情信息报送和值班值守制度,严格执行疫情防控工作的监督检查。

3. 尽早预警迅速行动。禁止流动要做到"早预警、早行动"。此次疫情爆发正处于春节假期,探亲流动和旅游流动量巨大,导致疫情扩散速度很快。旅游业是"流动"的行业,人员聚集且流动的特征与疫情防控是相悖的,鉴于过去疫情传播的经验教训,对于传染性强的重大疫情,旅游业是快速响应和控制的行业之一。在重大疫情中旅游业务必早预警、早行动,阻断疫情跨地域传播,是控制疫情传播速度和范围的重要举措。所以旅游业务必第一时间应对疫情,尽早果断行动,将传播控制在始发范围内。旅游业"景点聚集、交通聚集、餐宿聚集"对疫情的影响最大,在重大疫情集中传播时,快速控制流动,快速隔离高风险人群,"迅速"是防控疫情扩散的重要要求。

(二)严排查

1. 加强登记监测排查。对于疫情期间必要或已经发生的流动,由于旅游业涉及住宿、交通、游览等内容,所以在关键环节上卡口设置疫情监控点,进行严格的监测、防控可以有效筛查流动传染源,对于出现发烧等有明显症状的高风险人群进行原地隔离,可以及早发现部分传染源并进行有效隔离,也有利于降低过程中的传播风险。以最快响应速度启动旅游业全面监测防控,发挥疫情侦测"流动岗"功能,通过旅游节点实现对高风险人群"早发现"。

根据国家关于疫情防控的需求,部分饭店被当地征用为医学隔离观察点,特殊期间仍然需继续经营。按要求继续经营的旅游饭店,需严格实名登记并详细记录信息,信息内容一般包括人员身份信息、联系方式、出发地、途经地、交通方式、是否去过疫情高风险区等。同时,设立体温监测岗,对旅客进行体温测量及记录。为入住游客配备一次性医用口罩等防护用品和体温计,每日询问并登记体温。问询客人有无发热、咳嗽、呼吸不畅等症状,对有发热、干咳等症状的旅客,按照"四早"要求进行妥善处置。

2. 重视工作人员防护防疫。疫情中,旅游一线服务人员暴露机会多,是易感染及传播病毒的高危人群,但传统防控重点主要集中于医院及医护人员,旅游服务人员容易受到忽视。日常防护标准不能达到对旅游服务人员的有效防护水平,此次疫情传播中,也有多例旅游服务人员被传染的案例,并且旅游服务人员的防护物资也相对比较紧缺。在疫情期间,旅游一线服务人员的防护工作应受到高度重视,以切实降低工作人员的感染风险。一方面,是明确人员范围,将疫情中容易暴露和受到传染的旅游工作人员纳入防护范围,不可遗漏;另一方面,是细化保障措施,防护培训、物资供应、检查监督、运营指导等要落实到位。

疫情防控期间,要求旅游从业人员实行每日健康监测制度,不得带病上班。发现疑似症状人员,应当立即实施隔离并及时向上报告。对有重点疫情区域旅行、居住史的人员,要隔离观察14天,确认健康后方可返回工作岗位。工作人员为游客提供服务时,应保持个人卫生,并佩戴一次性医用口罩,确保从业人员健康上岗。

（三）升内控

1. 加强环境卫生消毒。疫情期间,要安排工作人员定期对设施设备、卫生间、电梯等进行严格消毒消杀,保持清洁卫生,及时清运垃圾,设置废弃口罩垃圾桶,公用物品及公共接触物品或部位要加强清洗和消毒,减少病毒污染风险。酒店要求每日对公共区域及公共接触物品至少进行四次消毒,并做好清洁消毒记录。每个区域使用的保洁用具要分开,做到专区专用、专物专用,避免交叉污染。公共用品用具严格执行"一客一换一消毒"。酒店各场所、客房应优先打开窗户采用自然通风,有条件的可以开启排风扇等抽气装置以加强室内空气流动。

2. 疫情防控空间治理。重大疫情往往感染规模大、扩散速度快,隔离是抑制、阻断病毒扩散传播的根本措施、有效手段和首要任务。针对旅游业带来的大规模、快速人口流动,特别是节假日期间的旅游流动,需明确旅游空间防控重点。可以考虑以旅游流的移动和聚集为主轴,以"景点—游线—交通圈—活动网"对应的"点+线+圈+网"为旅游空间治理路径,强化旅游业疫情防控的空间治理机制,有效防控疫情。

3. 落实人员防控培训。旅游业是典型的消费服务业,是围绕"人"和"服务"开展的,而疫情防控也是围绕"人"和"服务"具体展开的,因此,旅游业的重大疫情防控一定要落实到人,落实到服务的细节标准上。旅游业各部门、各企业应制定重大疫情应急预案和常态化疫情防控办法。应急预案需依照此次新冠肺炎疫情防控经验,从责任分工、处置上报、医疗救治、处置程序、防护要求、保障措施、业务应急等方面,规范防控工作标准并细化到每个岗位的执行细节,做到在疫情爆发前已有充分准备。重大疫情预案制定后,务必加强学习培训,尤其是对一线工作者和服务者的防控培训。以疫情常识、防控知识、疫情预防规范、疫情处理规范、疫情防护规范、业务应急方案等内容为基础,加强实操培训和实践演练。

4. 加强防控宣传引导。创新宣传形式,丰富宣传载体,广泛动员旅游行业力量,加强疫情防控的舆论宣传和舆情引导。在线上,充分利用官方网站、微博、微信等传统或新媒体,及时传达各级政府关于疫情防控工作有关要求,及时发布本行业疫情防控部署,积极宣传疫情防控知识,引导广大群众做好疫情防控,为打赢疫情防控阻击战凝聚了强大的行业合力。在线下,在旅游经营场所醒目位置张贴健康提示,通过发放"公开信""倡议书""防控手册"等资料,增强群众自我防控意识和打赢疫情防控阻击战的信心。也可以利用旅游系统"窗口行业"的特点,利用景区景点、宾馆饭店、旅行社、机场车站的电子显示屏、户外广告、橱窗展板等多种形式宣传防疫知识。

（四）强保障

1.落实防控责任主体。旅游经营单位首先需落实疫情防控的主体责任,企业法人及相关负责人作为疫情防控的第一责任人,属地旅游行政部门成立专项组负责所在地旅游行业的疫情防控,属地政府部门及疫情防控领导小组总体负责疫情防控工作,并承担监督引导职责。通过明晰各层级主体在疫情防控中的责任,实施联防联控的机制,联合抗击疫情。

2.完善双重保障机制。一是消费者权益保障机制,二是疫情期间的物资保障机制。由于重大疫情导致的旅游者改订、退订等属于不可抗力因素造成的行为,旅游行业应坚持保障消费者权益为先,可通过先行垫付为消费者退款,再通过协商适当补偿旅游企业所受损失。在防疫抗疫过程中,旅游业还应紧密结合疫情防控形势,统筹采购、流动、分配等各个环节,以提高旅游服务物资和防控物资的供需匹配能力,提升疫情防控保障水平。

3.退改订消费权益保障。受疫情影响,旅行社、旅游交通、酒店面临大量退订,OTA推出了全品类的线上退改通道,我国旅游业遭遇快速发展以后最大规模、最大强度的"退订退款"潮。为帮助用户更高效地实现退改需求,各OTA企业及时出台退改、退订措施和政策,积极与经营企业协调,尽可能保障客户权益。据统计,多家OTA企业垫资已达数亿元规模,对于疫情防控重点区域和重点阶段内,酒店、门票、用车等订单按统一规定可免费取消或改签。旅游产业前所未有的大规模的集中式退订,对我国旅游企业的产业链管控能力、沟通与管理能力、资金能力带来了挑战,整个行业也积累了大型突发危机事件导致的集体改退订的系统性应对和操作经验。

4.隔离场所应急保障。在疫情严重的地区,需要短时间扩大床位供给。由地方政府牵头号召,旅游住宿企业响应配合,一大批宾馆、酒店、旅舍被作为专门隔离场所,在短期内快速解决了"应收尽收"的集中隔离问题。具体操作经验有:①隔离酒店须由医院或卫生防疫部门接管,应立即成立应急指挥小组统筹协调相关应急事项;②对隔离人员进行安全健康教育,进行详细流程登记;③服务人员着全套防护服,每天三次对隔离人员测量体温;④做好一日三餐供应,加强日常用品及环境的消毒;⑤对服务者进行强化培训,以防止内部传染;⑥优先开窗通风,空调系统停用或按规定进行严格消毒。

5.滞留游客安置酒店服务。疫情爆发前,来自湖北省的游客已扩散至全国各个旅游目的地,针对这些由于疫情发展不能继续旅程或入住酒店的情况,全国各地陆续出台指定酒店安置滞留游客的政策,使高风险外地人群就地停止流动、就地筛查隔离以减少传播风险。例如,云南省文化和旅游厅率先向社会公布了首批38家定点安置酒店的信息,截至2020年2月18日,云南省指定安置酒店数量增至187家。同时,各地安置酒店采取"住前严格筛查、分区分层管理、健康咨询监控、加强消毒消杀、单独送餐用餐、物资帮助采购"等措施,全力做好隔离工作保障,切实有效阻断疫情传播。此次疫情期间旅游地安置酒店的做法,也是疫情防控"原地隔离"的要求,尽量使高风险人群就地停止流动,就地筛查隔离,以减少传播风险。

二、疫情稳定期:恢复措施

在疫情稳定期,应做到一手抓疫情防控,一手抓经济恢复。明确树立旅游业刺激消费、拉动经济为核心的任务目标,大力恢复发展国内旅游,同时逐步做好入境旅游宣传。具体措施体现在"慎重启、促消费、扶企业、保就业"四大方面。

(一)慎重启

1.国内旅游分级恢复。疫情稳定后,旅游经济的逐步恢复是重要课题。按照全国疫情防控稳定后"外防输入、内防扩散"的要求,需要对景区景点和旅游场所实行分级、分区重启。通过建立各地方的疫情评估机制,从疫情风险、防控条件和准备、旅游流预估等方面对旅游经营单位进行客观评估,按照评估结果分级、分区逐步开放旅游场所和旅游活动。对于疫情高风险地区的旅游业,坚决暂缓重启;对于疫情低风险地区的旅游业,由地方政府和相关部门制定恢复方案。旅游区域的分级、分区开放,同样需要考虑到国家经济恢复和民众生活恢复的需要,不可急也不可缓,更不可"一刀切"。

2. 国际旅游防输入。各个国家抗击新冠肺炎疫情的情况不同,但海外疫情总体比中国滞后且更为严重。在国内疫情基本得到控制后的一个较长阶段,海外疫情呈快速传播态势,我国抗疫后期的重点也转为防控输入型病例。由于各国疫情情况复杂且不确定性大,应密切关注海外各国疫情态势,对出入境旅游严格控制。在国际疫情稳定后,根据各国的疫情形势、安全形势、国际关系等因素综合慎重研判,分级、分批逐步恢复出入境旅游。入境旅游是服务贸易的重要组成部分,在国际疫情完全消除前,应加大我国国际旅游的营销宣传,着力提升我国的旅游形象和旅游品牌。

(二)促消费

1. 刺激旅游内需的多重原因。新冠肺炎疫情后旅游业恢复发展的重中之重,是强力刺激国内旅游需求,以此促进消费增长。其原因主要包括以下几个方面:第一,旅游消费是一个重要的消费领域,在促进经济增长、稳定经济形势等方面具有一定优势。在国民经济结构中,旅游业的直接收入不仅仅占据较大比重,还可通过旅游业的乘数效应辐射带动周边行业和消费市场增长。第二,国内旅游是我国旅游经济的决定性力量,疫情期间入境旅游不可依赖,且疫情期间国内旅游能够部分替代出境旅游需求。2020 年 3 月下旬,我国疫情防控重点已转移至"外防输入",鉴于国外疫情较为严重且不确定性大,有必要通过严格控制出入境旅游,以确保疫情防控的安全稳定环境。第三,近年来,我国入境旅游持续低迷,占旅游总收入的比重逐年走低。2019 年,我国实现国内旅游收入 57251 亿元,国际旅游收入 1313 亿美元,入境旅游尚不足以左右我国旅游经济发展的总体趋势。从全球范围看,中国旅游经济具有强大的国内市场和自循环能力,对国际市场依赖较小。因此,疫情恢复期的旅游发展重点应放在国内旅游方面,而入境旅游恢复可以作为后续重点。第四,在全球疫情和经济动荡的局面下,中国有效的疫情应对、强大的市场内需和稳定的经济发展,将会大大提升我国的国家形象和国际信誉,增强资本市场的信心和资本聚焦效应,提升我国国际实力。同时,"外忧内稳"的疫情形势也利于在恢复期将我国出境游的需求转化为国内游消费。

2.刺激旅游内需的相关举措。在疫情危机下更应该重视国内旅游发展,通过扩大内需促进旅游经济增长。国内新冠肺炎疫情得到控制后,应尽快分级、分批解除旅游限制,出台系列措施鼓励民众出游,促进消费回补,助推旅游经济回暖。鉴于本次新冠肺炎疫情对旅游业的巨大负面影响,建议出台强有力的政策和措施提振国内旅游。第一,保障游客放心出游,打消旅游消费者的心理顾虑,"吃、住、行、游、购、娱"等旅游要素环节要明确卫生标准,严格执行疫情防控要求,对于旅游活动做到限流、控流;第二,围绕旅游价格做文章,通过直接降价、优惠折扣、消费券补贴、部分赠送等形式,对旅游消费者提供最大幅度的让利优惠。我国旅游消费者对于价格刺激较为敏感,为了增加产品吸引力,低价的旅游花费将有效刺激旅游消费;第三,增加假日刺激,保障出游时间是将潜在旅游需求转化成实际消费不可或缺的条件,利用延长周末休假、增加节假日、鼓励企业延长年假或弹性工作时间等来创造旅游消费时间增量;第四,提供优质旅游产品和服务,引导旅游业苦练内功,相关部门应严把旅游产品及服务的质量关;第五,鼓励旅游产品创新,通过研究分析疫情对旅游需求的影响,提供符合市场需求的旅游线路、旅游业态;第六,加大旅游营销,加大疫情过后旅游市场宣传推广力度,实施精准营销,组织策划形式多样的主题宣传推广活动,稳固和提升国内旅游产品的关注度。

（三）扶企业

在新冠肺炎疫情重创之下,为帮助旅游行业渡过难关,特别是减少对旅游中小企业的冲击,我国旅游管理部门出台了相关支持政策,开启了行业自救行动。根据疫情防控阶段要求和区域疫情严重程度,应做到对旅游系统的不同业态、不同地区、不同类型企业的精准施策。特别是在疫情的不同阶段,旅游业应对重大疫情的目标、重点和要求会产生较大变化。疫情前期以"断"为主,疫情中期以"控"为主,疫情后期以"复"为主,对于疫情期间损失较大的旅游企业,政府的帮扶政策起到重要作用。以下通过"减负、帮扶、增效"三个方面,对于疫情期间扶持旅游企业的措施进行总结。

1. 减负。为了帮助旅游企业渡过疫情难关,各级政府和旅游部门密集出台多项措施,以缓解企业的资金压力、提高企业抗风险能力、减轻经营成本和帮助企业恢复生产经营。2020年2月6日,文化和旅游部办公厅下发了《关于暂退部分旅游服务质量保证金支持旅行社应对经营困难的通知》,暂退旅行社企业80%的旅游服务质量保证金。我国各类旅行社达到了38000多家,按照80%的退还比例,将为旅行社行业增加一笔可观的周转资金,缓解当前的经营困难,并为今后的恢复和发展创造条件。

2. 帮扶。主要是给予旅游企业政策和资金等方面的直接及间接帮助,如对旅游行业执行宽松的金融信贷政策,给予无息或贴息贷款、基金、补贴、金融支持等。2020年2月27日,文化和旅游部办公厅印发《关于用好货币政策工具做好中小微文化和旅游企业帮扶工作的通知》,通知要求各地要加强与当地人民银行分(支)行的政策协调,及时反馈当地中小微文化和旅游企业资金需求,尽最大可能争取额度。同时,还出台政策支持旅游行业的劳动权益保护,鼓励相应保险系统针对旅游企业和从业者推出保险机制和产品。

3. 增效。疫情后旅游业的恢复是一个较长的过程,要根据成本和风险评估结果,结合不同旅游区域、不同旅游业态、不同企业群体的资源禀赋和承受能力,对旅游企业进行精准、稳定的支持救助。主要从财政政策、金融政策、税收政策、行业政策上给予扶持,重点是增加旅游业恢复性资金和贷款支持,推出疫后刺激旅游消费需求的一揽子计划,支持行业回暖。对于大型旅游企业,要通过政策引导促进旅游企业的集中化、品牌化、集约化。对于小型旅游企业,要鼓励盈利能力强的旅游企业转向精细化、专业化、细分化。同时,旅游企业也应积极开展自救,一方面加强业务培训,另一方面探索大数据、互联网等技术手段,为疫后恢复旅游业提前做好各项准备。

(四)保安全

1. 提高卫生安全标准。从旅游需求的角度来讲,游客在疫情后会更重视安全、卫生和人与人之间的"安全距离",拥挤和聚集成为疫情稳定期后制约旅游业快速恢复和发展的重要因素。为了缓解疫情下人们对旅行的恐慌情绪,恢复期的旅游业,尤其是酒店、景区、旅游交通等人流较为集聚的场所,应进一步提高卫生安全标准,甚至做到"一客一消毒",减小游客在游览过程中接触传染的可能性。例如,新加坡加强对酒店安全和卫生情况的审查,将卫生评估交给独立组织进行,通过审核的酒店将获得新标准的认证,让当地人和游客能够更加"安心",目标是使新加坡成为疫后旅游业恢复时全球最安全的旅游目的地。

2. 探索低密度旅游。低密度旅游是旅游流在空间上低密度和在时间上分散化的一种形式,是旅游流在时间和空间分布上的均衡低容表现,"低密度"不仅仅是出于疫情防控的需要,也是出于游客体验的需要。实现"低密度"旅游主要包括景区限流、全域引流、淡季分流三种方式,低密度旅游不是单纯人流量的减少,而是人流与空间的适度调配均衡,是优质旅游的新方向。低密度旅游的实现路径是热门景区限容、冷门景区扩容、产品需求低容和产品开发适容,可以通过景区预约容量控制、游玩定制化、冷僻路线开发等具体措施来实现。当今大数据和区块链的发展也为低密度旅游提供了技术平台,通过信息交互平台对旅游各环节的旅游密度进行实时反馈,以 OTA 等平台在旅游密度基础上进行供需耦合桥接,借助大数据和人工智能可以推动和实现低密度旅游。

三、疫情平息期：振兴措施

（一）优服务

优质旅游是满足人民日益增长的美好生活需要的旅游，是充分体现新发展理念的旅游，是能够推动旅游业发展方式转变、产品结构优化、增长动力转换的旅游。优质旅游作为更加安全、更加文明、更加便利、更加快乐的旅游，在后疫情时代将成为国内迫切且重要的旅游改革方向。参考国内学者石培华（2008）对优质旅游的分析，以下从旅游消费需求、旅游供给支撑和旅游发展保障三个方面对优质旅游的内涵和特征进行介绍。

1. 旅游消费需求角度的优质旅游。从旅游需求角度看，优质旅游有五个内涵特征：一是旅游更加安全，让游客更加安心；二是旅游更加文明，让游客更放心；三是旅游更加便利，旅游服务更加贴心；四是旅游更加快乐，让游客更加开心；五是旅游更加理性，旅游者的消费体验更舒心。因此，推进优质旅游，不仅要推旅游"星级"服务，更需要推"心级"服务，以群众为中心谋划旅游发展。

2. 旅游供给支撑角度的优质旅游。从旅游供给角度看，优质旅游有五个内涵特征：一是产品优，高质量的旅游产品是优质旅游的基础；二是服务优，高质量的服务是优质旅游的具体表现；三是效益优，高质量的效益是优质旅游的动力，包括经济效益、社会效益和生态效益，能够更好地实现共建共享和可持续发展的旅游才是优质旅游；四是结构优，要切实优化结构，解决发展不充分不平衡的问题；五是管理优，高质量的管理是优质旅游的保障。

3. 旅游发展保障角度的优质旅游。从发展保障角度看，优质旅游有五个支撑：一是市场主体优，企业发展好产业才会好；二是人才队伍优，只有旅游人才队伍升级了产业才可能真正升级；三是体制机制优，构建适应优质旅游发展的现代治理体系；四是基础设施和服务优，交通设施、城镇环境、公共服务等不断优化;五是生态环境优,高质量的旅游环境(包括自然环境、社会环境和消费环境)是优质旅游的基础支撑。

（二）调结构

1. 旅游产业结构。旅游业是一个综合性极强的行业,旅游业发展会促进相关行业发展,而又依赖相关行业的发展。在疫情平息期,旅游产业结构的调整优化重点在使旅游产业内部保持符合产业发展规律和内在联系的比例,保证旅游产业持续发展,保证旅游产业与其他产业协调发展。既要提高旅游产业效益,又要防止特定区域对旅游业过度依赖,多元的产业组合更有利于旅游业及当地经济的长期可持续发展,并使旅游业具备外部冲击下更强的恢复能力。

2. 旅游市场结构。新冠肺炎疫情发生后,国际旅游市场会缓慢恢复,但会呈现较大的结构性变化。我国旅游业应注重优化市场结构,促进旅游市场多元化发展;国内市场是我国旅游的主要来源和内循环动力,在巩固国内市场的同时,也要发展新兴国际市场,扩大国际游客对我国市场结构的贡献。特别是对"一带一路"沿线国家和地区旅游客源市场的拓展,会成为我国旅游市场新的增长点。

3. 旅游产品结构。新冠肺炎疫情发生后,旅游需求的变化相应地要求旅游产品进行结构调整。首先,是旅游产品类型结构调整,疫情发生后生态健康类旅游产品、文化创意类旅游产品或将成为热点,探险、游学、志愿者旅游等多元旅游产品也有很大发展空间。其次,是旅游产品要素结构调整,从食、住、行、游、购、娱的组合和比例搭配来确定合理的要素结构。再次,是旅游产品时间结构调整,"化整为零"的旅游时间结构趋势为短期假日旅游产品带来更大的市场。最后,是旅游产品空间结构调整,应引导过热旅游景点的旅游产品逐渐向低密度、冷门、小众景点部分转移释放,这更有利于旅游区域均衡发展。

（三）倡创新

充分利用行业调整窗口期,将不利因素转化为有利条件,通过鼓励创新,将危机之中蕴含的机遇用好、用足、用活,加快推进旅游产业快速发展。

1.鼓励旅游产品创新。疫情必将使旅游市场面临洗牌重组,一批产品缺乏创新、服务缺少诚意的企业和旅游景区将会被淘汰,而拥有高品质旅游产品和服务的企业和景区,将在疫情结束后获得快速恢复和加速发展的契机。新冠肺炎疫情发生后,近郊田园休闲游、自驾游、康养旅游、体育旅游等以健康、短途、自由、灵活为内核的旅游产品将会成为热点需求,各部门和相关企业应提前做好准备,推出相关类型旅游产品,提升服务品质。同时,引导旅游业从资源向内容、从景区向文化、从投资向创新方向转变,促进旅游业的创新和整合,推进整个产业的调整创新升级。

2.培育旅游业态创新。首先,5G 技术和一些新兴科技带来旅游新体验和新机会,如5G 和 AR 技术结合实现的"云旅游"及全景导览功能,可以实现虚拟旅游或虚拟会展体验等,促使旅游产业和科技融合更加紧密。其次,智慧旅游能够给游客更安全更优质的服务体验,手机移动客户端的应用和 AI 技术的应用,在类似新冠肺炎疫情危机的应对中更显示其价值和积极意义。再次,直播营销推广、短视频、自媒体等新的旅游营销形式使得旅游营销更贴近消费者,可引导旅游企业借助新媒体渠道推出更精准、柔性的旅游营销方式和营销策略。另外,鼓励景区在旅游运营中采用IP 化、数字化、智能化、虚拟化、无接触式服务等新理念,也是促进旅游业态创新的路径之一。

(四)促升级

这里的升级表现在旅游业受疫情危机事件冲击后,旅游产业、旅游企业和旅游消费进行调节、完善并形成更合理的结构和功能。升级是较为长期的也是更为重要的目标。

1.旅游产业升级。对旅游产业而言,产业升级主要有两个方面内容。一方面是业内升级,就是要以满足多元化、多层次、复合型的旅游需求为出发点,以提升服务质量为落脚点,通过旅游模式和旅游产品的创新,通过政府部门对旅游发展方式的引导,实现旅游服务水平明显提高,旅游市场明显净化、游客满意程度明显增加。另一方面是结构升级,即不同产业的结构优化。旅游业既要发展自身产业的竞争力,也要注意地区内的整体产业组合和产业结构情况,既要快速发展又不能形成旅游依赖,各产业平衡发展是区域长期可持续发展的重要影响因素,也是旅游产业升级结果的最终体现。

2. 旅游企业升级。疫情平息后旅游企业迎来转型期,其调整升级有多种模式选择:其一,延伸式旅游企业升级,在现有业务的基础上沿着市场或沿着新技术进行旅游业务和产品延伸,以保持业绩的持续成长;其二,多元化旅游企业升级,从单一业务转向其他行业或领域;其三,聚焦式旅游企业升级,从大而全、小而全的旅游业务模式,转化为大而专、小而专、专注于做一类旅游产品的模式;其四,兼并式旅游企业升级,有针对性地购买优势企业,打造旅游企业健康的生态链,通过兼并其他企业提高竞争力;其五,高端化旅游企业升级,旅游供给从以低端旅游产品为主转向以中高端旅游产品为主;其六,差异化旅游企业升级,从大众化旅游产品转向小众化和创新型旅游产品。总之,在新冠肺炎疫情平息后,旅游企业面临着进行转型升级的良机,经历困难后的重新调整会使旅游企业迎来新的发展可能与发展动力。

3. 旅游消费升级。旅游消费升级,是新冠肺炎疫情后旅游产业向高质量发展深化的要求,旅游消费升级的关注点从价格转向体验。疫情后,我国旅游业呈现新的市场需求和市场动向,需要旅游供给提供更个性化、多样化、品质化的旅游产品,走上更高质量发展的道路。特别是近年来三四线城市的消费者在不断提高消费需求,更广阔的三四线市场为我国旅游消费贡献更多活力,三四线城市的市场应该受到更多重视。另外,相较于传统的旅行团形式,自驾游、短途旅行、夜间旅游等新兴旅游消费形式也会得到市场供给方更多的关注,旅游消费升级下相应的"资源导向—内容导向—文化导向—创新导向"的旅游供给升级会不断延伸发展。

在新冠肺炎疫情的抗疫行动中,旅游产业表现出了快速响应、坚定决心和高效执行的特点。关键时刻,旅游行业不仅迅速切断旅游领域的疫情传播,而且积极配合政府做好滞留游客的安置,成为抗疫的"排头兵"。同时,由于旅游业在住宿、交通、服务等方面的灵活性,也为疫情隔离和场所安置、交通转运等方面提供了强大支持,显示出了旅游业在应急事件中的机动性,成为新冠肺炎疫情期间抗疫的"机动队"。

第二节　旅游业应对新冠肺炎疫情防控的经验

一、强力快速

旅游业应对新冠肺炎疫情的防控经验是坚持强而有力的防控措施和快速高效的响应速度。在国家统一部署下,旅游业作为"控流动"最为重要的行业,从主管部门到行业企业,第一时间采取强有力的行动,全国旅游经营全面暂停,旅游流动基本阻断。通过最强有力的行政管控和行业行动,旅游行业用了数天时间即做到了停滞到位、阻击到位、抗疫到位。

在疫情爆发期,坚持全国上下一盘棋,通过联防联控的协同机制和群防群控的整体行动,为抗疫阻击战提供全方位的支持,形成抗击疫情的强大合力。"早发现、早报告、早隔离、早治疗"是防控重大传染性疾病的重要手段,中国在此次疫情应对中强而有力地执行了"四早"措施,这也为全球防疫工作争取了宝贵时间。旅游业作为流动性强、关联度大的特殊行业,在本次疫情防控中付出了巨大代价。面对突如其来的新冠肺炎疫情,整个旅游行业果断按下"暂停键",全行业第一时间通过整体"休克"的方式,将工作重心转向"停组团、关景区、防疫情"。旅游业兼具人的移动和人的聚集双重特征,如果没有强而有力的防控措施,快速控制疫情的传播与扩散是难以想象的。

在疫情恢复期,如何推进旅游业有序复工复产成为重点,"强力快速"依然是其中的关键。一方面,要以强而有力的措施统筹做好疫情防控和旅游企业复工复产,旅游恢复性经营活动要始终服务于疫情防控大局。2020 年 2 月 25 日,文化和旅游部资源开发司印发《旅游景区恢复开放疫情防控措施指南》,在强化流量管理、防止人员聚集、加强安全防护等方面进行积极指导。其中,要求各地坚持分区分级原则,做到限量、安全开放,严防无序开放;另一方面,要抢抓政策"窗口期",推动旅游业高质量恢复。新冠肺炎疫情对旅游业的冲击是空间的,旅游业的停滞、半停滞状态短期内可通过自身韧性内化抵抗,但如果影响周期较长,且缺少及时、强力的扶持政策,旅游业可能元气大伤,未来恢复的周期和难度难以估量。因此,为了加快国内旅游业的复工复产,助力经营困难的旅游企业渡过难关,旅游及相关部门及时出台了相关的资金扶持、税收优惠、租金减免、贷款优惠等一系列帮扶政策。

二、科学精准

科学防控、精准防控是旅游业新冠肺炎疫情防控的重要原则。科学防控首要是指研判科学。强调要及早研判疫情传播扩散风险,加强溯源和旅游流监测分析,快速确定旅游行业疫情防控方案,提高疫情防控的科学性和有效性。充分发挥专家人力资源优势,科学分析研判疫情形势,优化各项工作方案。同时,要重视数据对于疫情研判的重要作用,从海量的信息中,撬开"数据的口",找寻规律、发现异常并确定危险因素,找出薄弱环节、防控盲区,确保防控方案有据可依。

科学防控其次是指体系科学。新冠肺炎疫情期间,全国基本形成了疫情防控的"六大体系",即指挥体系、防控体系、救助体系、助力体系、监督体系和信息体系,旅游业的疫情防控也要按这六大体系科学有序进行。指挥体系要求上下联动,统一领导、统一指挥、统一行动;防控体系要求科学周密分类施策,严格执行防护流程;救助体系要求应保尽保,切实保障困难群众生命健康安全;助力体系要求动员慈善力量和社会组织力量参与疫情防控,尽可能快速调动可用资源抗疫防控;监督体系主要是指强化党组、纪委监委、机关党委及社会监督等的多层监督层级;信息体系主要指疫情数据体系和信息发布体系,前者是科学防控的数据依据,后者是指对社会关切的有效疏导引导和保障。

精准防控是科学防控的精益要求。旅游业在疫情防控中坚持精准防控,一方面要求做到信息精准,运用大数据、人工智能、云计算等数字技术,探索数字资源有效管理,不断提升大数据治理能力,在疫情监测分析、病毒溯源、资源调配等方面发挥支撑作用,以有效精准信息为疫情研判、部署执行提供基础保障。同时,还要依法保障信息安全。旅游部门和旅游企业要依法依规收集个人信息、整合数据资源,并建立健全信息安全风险评估和应急工作机制,制定信息安全事件应急预案。完善隐私保护机制,做到数据不动程序动、数据可用不可见。针对从事攻击、侵入、干扰、破坏等危害信息安全的活动,依法追究其法律责任。

精准防控另一方面要求做到施策精准,根据各个省份、各个地方的不同情况采取分类施策的方法。旅游业疫情防控应结合当地实际,提高疫情防控效率,形成区域联动、分工协作的全国一盘棋格局。根据各旅游地、旅游线路、旅游人群的不同情况进行精准研判、精准决策、精准执行、精准监督。

三、联防联控

联防联控包括四个方面的主要内容:

一是理念统一。旅游行业应对重大疫情应统一思想、统一行动,建立疫情应急指挥体系。旅游业抗疫要坚持全国一盘棋、调动行业多方的分工职能,景区度假区、各类公园游玩娱乐场所、酒店、旅游餐饮、旅游交通、旅游消费及购物店等多个板块要按国家和文旅部门的要求统一行动,建立"一盘棋"的应对重大疫情旅游业联合快速反应机制。

二是机制联通。建立旅游行业抗疫的联防联控机制,各相关部门加强统筹协调,全力组织和配合监测隔离、物资调度、复工复产等疫情防控工作。旅游抗疫联防联控工作机制下设行政防控、景区防控、企业防控、社区防控、科技防控等工作机制,明确职责,分工协作,形成联防联控行业体系的防控合力。

三是信息共享。主要是疫情数据和旅游数据形成共享机制。包括强化信息和平台的共建共享、分享基因组信息和治疗方案、搭建学术共享平台、构建各防控主体交流机制、开展技术合作和技术服务、建立群防群治网格化情报互通等六个方面,为疫情防控畅通信息传递通道。

四是主体联动。其一是各行政职能主体联动,卫生、疾控、民政、应急、财政、旅游、交通、物流等各职能部门联动协作;其二是上下级主体联动,中央、省级、市县级、乡镇村级各主体明确职责、高效沟通、联合部署、联合行动;其三是区域主体联动,各行政区域之间,特别是相邻的行政区域间加强沟通,依照中央部署和各地具体情况全盘联动;其四是各基层主体联动,社区、物业、居民、民警、社会志愿者、基层卫生工作人员以及社区网格员等基层力量统筹协作,有效联动,汇整为一支统一调度、分工行动的群防群治队伍力量;其五是游客的联动抗疫防疫,个人是旅游疫情防控的最小单位,游客的统一思想和统一行动是群防群治的底层基础。

四、复控同步

"复控同步"即常态化疫情动态防控与经济恢复同步机制。在旅游业新冠肺炎疫情防控中,复控同步主要有两个原因:一是疫情走势迅猛,周期长、复杂化、不确定性大,必须"控"以保障人民健康、国家稳定。二是刺激旅游需求是促进消费、拉动经济增长的有效手段,旅游"复工"有助于将我国经济和就业保持在正常轨道,以避免疫情的次生危机。着力研究常态化的新冠肺炎疫情防控与经济恢复同步机制是保障疫情防控和经济恢复的共同要求。

复控同步包括三个主要方面。第一是加强指导,自上而下研判并进行旅游业防控与复工复产的总体安排部署,以《关于推进旅游企业扩大复工复业有关事项的通知》《旅行社有序恢复经营疫情防控措施指南》两个重要文件为依据,对旅游业疫情后期的行动指导进行逐级落实。由于复控问题的复杂化和不确定性,必须坚持全国统一决策、统一部署、统一行动,以将防控与复工风险降到最低。第二是有序恢复。根据疫情的发展走势和旅游业本身的特点,应分地区、分类型、分级别地逐步有序恢复旅游业运行。分地区是先恢复近郊游,逐步到省内游,再到跨省游,最后全球疫情稳定后再开放国际游;分类型是先恢复室外旅游活动,逐步到恢复室内旅游活动;分级别是先恢复低风险地区旅游,逐步到恢复降至低风险地区后的中高风险地区旅游。逐步分层次的有序恢复旅游业开放,是复控同步策略下的科学有效实施路径。第三是科学管理。旅游业在疫情后的恢复阶段要做到运用科技手段控制恢复节奏,同时强化监测和执行的防控管理。在科技手段运用方面,由于恢复期对于旅游流的方向和流量要严格进行监控和引导,所以需要使用科技手段进行在线预订、预约旅游、容量监控等控制措施,以科学应对恢复期的旅游流增长。在强化监测和防控管理方面,旅游业恢复过程特别要加强旅游地和旅游流的疫情监测,有疫情风险就需要立即采取措施控制传播;同时需要在旅游区严格防控执行,将传播风险控制在最低。

五、常态机制

从更长期的角度看,当今世界发展的各种复杂性和不确定性因素加剧,"黑天鹅"事件层出不穷,"危机性已成为现代社会的显著特征"。对旅游业产生强烈影响的非预期性危机事件会以各种形式在未来不断发生,扰乱旅游目的地的正常旅游经营。旅游产业对外部环境和经济政治等因素的敏感性很高,在突发危机事件的应对由随机偶然趋向持续常态的背景下,旅游业的危机管理也应相应的"范式转换",以危机意识下的常态预防体系替代非常态化的应急处置,降低危机发生的概率和减少应急的损失,并促进旅游行业适应性地健康发展。

此次新冠肺炎疫情后期旅游业常态化防控有三个层面的经验值得借鉴:一是在行业层面,旅游行业危机管理的常态机制主要是实现行业风险评估定期化、行业应急预案更新化和预防管理常态化,强调旅游行业的风险意识。特别是针对旅游业流动性的特点,不断研究新情况、新问题,不断完善对旅游业各类安全隐患的滚动排查、风险评估、检测预警机制,确保对本地区影响旅游安全的各类风险做到心中有数,并制定更加务实、高效的应对预案,真正形成常态化的旅游安全监管机制。

二是在企业层面,旅游企业应对疫情冲击的常态机制主要依靠加强培训和严格管理实现。旅游企业疫情防控的培训和应急演练可以提高从业人员疫情防控和安全管理意识,做好常态化防控下的安全管理工作,夯实旅游行业安全基础,防范遏制涉旅安全事故。严格管理是旅游企业疫情防控常态机制的重要要求。旅游企业是旅游安全保障的基本主体,需要落实其主体责任,严格执行一些防疫措施,做好卫生防疫知识宣传和防疫物资储备,做好员工健康管理和监测工作。旅游景区企业要按统一部署要求实行预约、限流、错峰等措施,加强巡视巡查,严防聚集。

三是在游客层面,游客抗疫防疫的常态机制主要依靠加强对民众及游客的危机应对意识和措施的教育引导实现,培育健康安全旅游的全民意识和良好环境。对游客进行常规化的旅游安全教育,应在游前游中游后适时进行安全及防疫宣讲,全社会包括媒体也应积极宣传旅游安全和防疫知识,营造常态防疫的氛围和环境。

第三节　旅游业应对新冠肺炎疫情防控的启示

一、稳固内需根基

依靠强大的内需市场可以实现旅游业快速恢复。从全球范围看,中国旅游业与其他国家旅游业的重要差异就是其强大的内需和自循环能力,这使得中国旅游经济韧性具有区别于其他国家的"中国特色",即具备更强的自适应能力和更少的国际依赖程度。从这个层面来说,在危机常态发展的情景下,中国旅游业更应重视挖掘国内旅游需求,以内需保增长,以内需促恢复。中国是全球率先抗击新冠肺炎疫情的国家,也是率先着手恢复经济的国家。在全球新冠肺炎疫情仍在蔓延的背景下,一手抓防疫,一手促发展,中国经济长期向好的趋势并未得到改变。旅游业作为国民经济的重要组成部分,不仅自身韧性强,旅游业的快速恢复对于国民经济恢复也具有巨大推动作用。疫情稳定后,应尽快分级解除旅游限制,一方面加强国内旅游市场营销,通过激发旅游需求,鼓励民众出游以促进消费回补;另一方面发布提振国内旅游市场政策,通过主题推介、消费补贴、资金激励等举措释放旅游经济潜力。

依靠强大的内需市场可以保障旅游业就业稳定。相关统计数据显示,2019 年我国旅游直接就业 2825 万人,旅游直接和间接就业人数合计 7987 万人,占全国就业总人口的 10.31%,我国旅游直接和间接就业人数占比稳定上升(见图 4-1)。据世界旅游组织测算,旅游收入每增加 1 元,可带动相关行业收入增加 4.3 元,旅游行业每增加 1 个直接就业机会,社会就能增加 5—7 个就业机会。旅游业的整体稳定关系着 3000 万以上人口的劳动就业和 200 多万家企业的生存,是维护我国经济社会环境稳定的重要力量。根据相关数据显示,受新冠肺炎疫情影响,截至 2020 年 3 月 25 日,全国已有 11268 家旅游类企业注销、吊销经营。集中救助疫情影响中的旅游企业,解决相关就业问题,成为旅游业应对此次疫情产生问题的重中之重。全力稳就业、保就业,需要从旅游企业和旅游市场两方面着手,从供给侧与需求侧同时发力。在旅游企业端,要加大对旅游中小微企业的扶持力度,优化营商环境,支持鼓励企业创新找出路;在旅游市场端,要大力刺激旅游消费需求,巩固行业发展和就业稳定的根基。

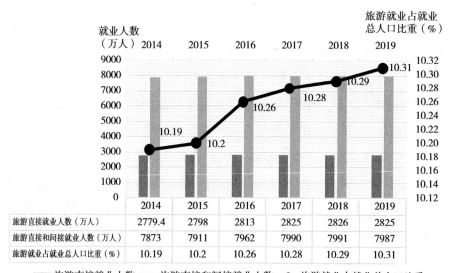

	2014	2015	2016	2017	2018	2019
旅游直接就业人数（万人）	2779.4	2798	2813	2825	2826	2825
旅游直接和间接就业人数（万人）	7873	7911	7962	7990	7991	7987
旅游就业占就业总人口比重（%）	10.19	10.2	10.26	10.28	10.29	10.31

▨▨▨旅游直接就业人数　▨▨▨旅游直接和间接就业人数　━●━旅游就业占就业总人口比重

图 4-1　2014—2019 年我国旅游业就业统计数据

数据来源:CEIC 中国统计数据库

二、企业创新应变

紧抓创新和技术机遇,创造新市场注入新能量。紧抓疫情冲击后的旅游行业调整窗口期,大力鼓励旅游新技术、新产品、新服务、新营销,为旅游产业开辟新市场,注入新能量。

疫情后的旅游技术创新主要围绕 5G 技术、虚拟技术、大数据和区块链进行。5G 技术、虚拟技术、大数据技术在前文已有提及,这里主要强调旅游业与区块链结合的创新方向。对于旅游业来说,区块链所形成的网络是一个透明且不能被篡改的数据库,这将很好地规范交易双方的信息和交易条件,推动诚信旅游市场环境的形成。同时,基于区块链上的点对点交易,节省了中间交易手续费和流程。此外,智能合约与区块链上的市场预测、旅游保险等其他服务连接后,能够让旅游者节省开支,实现旅游企业营收最大化。

疫情后的旅游产品创新主要是生态游、健康游和周边游的产品创新需求较为迫切。新冠肺炎疫情后,以健康安全为诉求,以医疗养生保健体育为形式的健康旅游和安全舒适性更高的低密度旅游等旅游形态是适应市场需求的新趋势,乡村旅游、生态旅游、亲子旅游、家庭旅游等方式也更符合疫后的旅游需求,应大力拓展创造旅游消费增量。

疫情后的旅游服务创新主要是依据疫情常态化防控的要求而产生的无接触服务、预约服务、刷脸入园、错峰信息共享等服务。旅游无接触服务包括无接触预订、无接触购票、无接触入住、无接触退房、无接触购物等多种形式,由于避免了直接接触,成为疫后的新服务方式。此外,旅游景区可以在无接触服务的基础上,探索更多的智慧服务。比如,可以利用大数据、人工智能等技术,在减少人力维护成本的同时,提升景区服务和应对疫情等突发情况的能力,还能为游客营造一种新奇、优质的旅游环境,拓展旅游景区的可游览性。

疫情后的旅游营销创新如直播、短视频、IP 植入等方式渐成热点。直播这种营销方式正帮助传统旅游营销升级转型,也帮助更多普通用户得到观察和感知世界的平等机会。短视频和 IP 模式是旅游营销的内容载体,内容是入口,是流量,也是渠道,旅游新营销方式的创新可以实现入口、流量、渠道等多种功能的承载,带动景区旅游和商业化的新探索。

三、加强抗逆研究

旅游产业研究一直集中于正面研究领域,对于旅游业的脆弱性、敏感性研究较少,针对旅游业受外部冲击后的抗逆力的研究在新冠肺炎疫情后显示出更为重要的意义和价值。由于旅游业是受公共卫生事件影响最为敏感的行业,其人员流动的特性也是其成为公共卫生事件应对的重要行业部门,这种愈发直接和敏感的关系,使得旅游业的抗逆力成为旅游业长期稳定发展的重要因素。加强旅游抗逆研究,符合世界公共卫生危机频发的趋势,也可能成为未来旅游业发展的新要求与新指向。

抗逆力概念最初源于物理工程学领域,用以描述一种物质或系统受外力变形后恢复到平衡状态的能力。旅游业抗逆力,即旅游业系统结构和功能的稳定性,特指在遭受重大冲击下旅游业的整体结构和功能保持不破溃的稳定能力。旅游业抗逆力主要表现为旅游业稳定性、旅游业可替代性、旅游业充足性和旅游业恢复快速性四个方面。

一方面,旅游业抗逆力受到区域产业多元化程度的影响。旅游专业化程度越高意味着该区域对旅游业的依赖越大,很有可能旅游业的抗逆力就越差。合理而平衡的各产业的多元结构会使旅游业受外部冲击的影响较小。另一方面,旅游业抗逆力受到旅游产业与其他产业的复合交叉程度的影响。旅游产业是多个行业和业态交织的复合型产业,其中交通、住宿是出行刚需的业态,旅游景区是资源型的轻耗损业态,旅游服务和接待属于轻资产的消费型服务业态,这种综合服务业的交叉组合结构较为稳固。

从行业比较的角度看,有研究证实包括旅游在内的服务贸易比货物贸易表现出更好的抗危性和抗跌性并且受冲击后回升迅速。这与我们对旅游业脆弱性、敏感性的感知完全相反,这是有待研究的内容。后续仍需要大量对旅游业"抗逆力"的深入挖掘与研究,以帮助旅游业更好地应对外部冲击。

四、旅游韧性治理

旅游经济韧性指的是旅游产业经济适应外部事件冲击干扰和抵御风险的能力。在现今复杂和多变的国际环境中,各类"黑天鹅"事件不断出现,全球性的突发危机将更为频繁和充满不确定性。在"危机常态"背景下,我国旅游业需要从经济韧性的角度重新审视和调整行业的整体发展思路,在"危机波动"环境下增强旅游韧性的适应性,以减少旅游经济损失和实现稳定发展。新冠肺炎疫情后全球经济、政治、社会各方面的次生危机风险加大,旅游业未来发展的不确定性增加。在这种环境压力下,亟待加强对国内、国际变化的主动性战略研究。对未来有可能出现危机的主动性战略部署难度很大,需要以前瞻的战略眼光提前预判、提前布局,这是应将全球复杂局势纳入我国旅游业发展的重要议题。

我们针对我国旅游业在新冠肺炎疫情中的影响和应对经验,认为旅游韧性治理是从应急管理和旅游经济韧性的角度出发的一种新兴的治理模式。旅游经济韧性指的是旅游产业经济适应外部事件冲击干扰和抵御风险的能力,其特征以适应性为核心,包括抗逆力、恢复力、灵捷力、升级力四大要素。旅游经济韧性治理以旅游产业系统结构和功能的动态适应性和非均衡演化调整为核心问题,探索旅游产业系统长期在波动中持续发展的能力和规律,评价旅游韧性功能现状,规划旅游韧性治理体系,逐步形成一套具可靠性、稳定性和抗干扰性于一体的治理体系,以加强旅游经济韧性来应对危机和强烈波动。旅游韧性治理的核心要求是通过对旅游业抵抗力、恢复力、灵捷力、升级力的综合治理和适应性能力提升,使旅游产业结构和功能在复杂的风险动态中平衡和优化。旅游韧性治理是我国旅游业治理体系的新方向和有益补充,是在旅游风险日益加大背景下旅游行业稳定发展的新路径。

五、安康幸福指针

在经历了新冠肺炎疫情后,为民众提供一个安全健康的旅游环境和实现人民向往幸福的精神追求,成为旅游业超越产业经济层面的至高要求,是人民幸福安康的指针。

一方面,保障人民群众的安全和健康是旅游业的发展前提。安全和健康是旅游业运行中至关重要的底线保障,这个底线在新冠肺炎疫情后被提到了前所未有的重要位置。大家普遍认识到,安全和健康作为人生命的最基本也是最重要的保障,所有的社会经济活动应该以人身的基础保障为前提,重视和关爱每一个人的安全健康也同样是旅游业的重责。习近平总书记"把人民健康放在优先发展战略地位"的方针指向为各行业的发展治理提出了战略要求。在旅游产业的运行过程中,以安全和健康为前提的行业治理和指向调整会在今后较长时间影响着这个行业的每一个从业人员,也影响着每一位游客。

另一方面,满足人民群众美好生活需求是旅游业的重要使命。疫情后我们意识到了物质世界是我们生活的基础保障,更加体会到了精神层面的幸福满足感对于生命的价值,旅游活动为每一个普通人提供了一个精神享受和精神实现的通道。在基本的物质基础得到保障之后,四处游历、地域体验、开阔视野成为我们幸福生活的重要部分。疫情的风险可能会触发我们更多对于美好生活的渴望,旅游承载的精神价值将是满足人民美好生活需要的一种重要途径。

第五章　新冠肺炎疫情影响下
旅游业阶段变化

2020 年爆发的新冠肺炎疫情给旅游业造成了难以预估的影响,如何在短期内对旅游业变化进行识别、调控,成为当前理论研究需要重点解决的问题。基于此,在梳理相关研究文献、预测现实状况的基础上,结合危机生命周期理论,以 2003 年 SARS 疫情作为对比案例,对旅游业疫情危机演变进行分析。将当前新冠肺炎对旅游业的影响过程划分为短期锐减阶段、中期过渡阶段、长期缓和阶段三大阶段,并从旅游消费者、旅游企业、旅游行业的角度切入分析各个阶段的影响表现、变化趋势,在此基础上有针对性地提出短期救助、中期调控、长期优化三大应对策略。最后立足当前现实状况以及未来发展需要,从旅游企业、旅游目的地、旅游行业三个角度,分析预测疫情后旅游业发展将呈现的新趋势。

第一节　旅游业变化阶段划分

为清晰客观地了解疫情下旅游业变化,本研究结合危机生命周期理论,选取 2003 年 SARS 疫情作为比较案例,分析旅游业疫情危机的变化过程,在此基础上进行阶段划分和阶段特征分析,进而揭示在新冠肺炎疫情影响下中国旅游业面临危机的演化规律。

一、旅游业危机演化理论及过程

(一)理论基础:危机生命周期理论

1.起源。"生命周期"概念最早来源于生物学领域,指生物体的形态或功能在生命演化过程中所经历的一连串改变,本质上是指一个物体从出生到成长、衰老直至死亡所经历的阶段性演化过程。随着研究的深入,该概念不再仅限于生物学领域,产品生命周期、企业运作生命周期等概念出现在经济、社会、环境、技术等领域。1986年,美国学者 Steve Fink 首次将生命周期引入危机管理中,他在《危机管理:对付突发事件的计划》一书中提出了危机生命周期理论,并创立了危机管理的4个生命周期模型。

2.内涵。危机生命周期理论认为,危机事件与任何生命体一样,也有一个孕育、发生、发展、高潮和回落的周期性变化过程,可分为不同阶段,每个阶段具有不同的生命特征。关于阶段划分,当前在理论上应用最为广泛的模型是由 Coombs 所提出的三阶段模型,其将危机生命周期划分为危机前、危机中、危机后三个阶段(见图5-1),在此基础上再根据具体危机时间进行更为精确的划分。

(1)危机前阶段:危机最开始是处于潜伏状态的,也就是萌芽阶段,虽然危机尚未爆发,但危机发生所需的"温床"正在形成,危机诱因正在不断酝酿、积累和成长并表现出一些征兆,直到开始形成明显可感知的危机事件,这是一个由量变走向质变的阶段。

(2)危机中阶段:危机由潜伏走向爆发的过程,可进一步细分为发生期、成熟期。在发生期,危机由隐性危机转变为显性危机,当系统感受到危机正在发生时,危机已经生成并开始全面爆发,危害程度急剧上升,在极短的时间内给系统带来大规模冲击。在成熟期,危机已全面爆发并进入最恶化的状态,对系统的影响和危害达到最大值,危机影响范围不断扩大、程度不断加深,对系统形成全面的打击。

(3)危机后阶段:危机逐渐开始衰退并走向消亡,此时危机事件得到控制,危机带来的冲击不断减弱,危机形势趋于减缓。此时危机生命周期走向终结,系统走向逐渐恢复的阶段,但恢复到危机发生前的状态仍需一段时间,且危机的潜在影响开始逐渐显现,这些影响可能是挑战也可能是机遇。

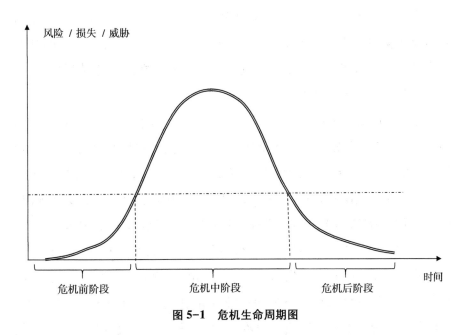

图 5-1　危机生命周期图

3.特性。尽管不同类型的危机事件呈现出不同的特点,但从整体来看,不同类型危机的生命周期具有一些共同的基本特性,分别是过程不确定性、周期完整性、阶段差异性。

(1)过程不确定性:危机事件的爆发、损害程度不可预测,其生命周期长度、到达峰值时间、峰值高度等也难以控制。

(2)周期完整性:任何领域内发生的危机都有其生成到消亡的完整过程,区别主要在于生命周期的长短。

(3)阶段差异性:危机生命周期可根据危机变化划分为多个阶段,这些阶段的表现及时间长短均有所差异,且各阶段差异明显并需区别对待。

(二)案例分析:2003 年的 SARS 疫情危机

根据危机生命周期理论可知,任何危机事件都拥有一个完整的生命周期,旅游危机也不例外。由突发事件引起的旅游危机也是能够持续一段时间并表现出特定生命特征的周期事件,其生命周期同样具有过程不确定性、周期完整性以及阶段差异性特征。可在危机生命周期理论基础上,根据危机生命周期的阶段划分,以及周期完整性、阶段差异性的基本特性,结合实际案例,分析疫情危机下旅游业演化规律,试图把握新冠肺炎危机下旅游业演化过程。

考虑到危机类型的一致性以及危机影响的相似性,选择 2003 年的 SARS 危机作为分析当前旅游业疫情危机演化过程的比较案例。尽管 2003 年的经济社会背景、旅游发展程度与当今有一定的差别,且诸多现实情况均说明此次新冠肺炎的影响程度与范围已经超过 2003 年 SARS 疫情的影响,但这两次疫情危机都是具有特定生命周期的完整事件,旅游业大幅受损并逐渐恢复的波动变化过程是一致的,均具有周期完整性以及阶段差异性。因此可以根据 2003 年 SARS 影响下旅游业演化的过程,来预测新冠肺炎疫情危机下的旅游业演化过程。为直观表现出"非典"疫情期间旅游业的波动性演化过程,以及考虑到影响过程的短暂性和数据的可获取性,本节采用 2003 年入境旅游收入月度统计数据进行分析。

2003 年的"非典"疫情是中国的一场公众性灾难,各行各业蒙受了巨大损失,其中高度市场化的旅游业是减收最大的行业之一。其危机生命周期如图 5-2 所示,危机于 2003 年 2 月在广东孕育,3—4 月开始扩散,5—6 月达到顶峰,7—9 月进入衰退期,10 月至次年 1 月消亡。通过对比 2002 年与 2003 年入境旅游收入的波动变化曲线可知,尽管入境旅游会受到季节性、国际形势等因素带来的影响而呈现出波动变化趋势,但正常情况下,其变化较为平稳、幅度较小,不存在大涨大落的情况,故在分析 2003 年入境旅游收入波动变化时可忽略其他因素带来的干扰,将曲线上出现的低谷视为疫情危机因素的作用。在此基础上,结合"非典"危机生命周期与入境旅游收入变化进行分析可发现：在3—4月疫情扩散时，入境旅游收入开始大幅锐减，出现近乎断崖式下跌的现象；在5—6月疫情走向顶峰阶段的同时，入境旅游收入也到达最低谷；7—9月疫情逐渐消退时入境旅游收入以较快的速度回升；之后疫情走向消亡，入境旅游收入在到达一个较不明显的峰值后回落至平缓状态。总体来看，随着疫情危机生命周期的变化，入境旅游收入先快速下跌，后以较快速度回升，在回升到一定高度后转缓，整体呈现出一个"锐减—回升—转缓"的波动性变化过程。

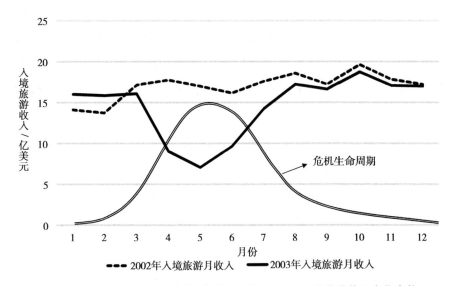

图5-2　"非典"危机生命周期及2002年、2003年入境旅游月收入变化走势

（三）理论分析："锐减—回升—转缓"演化过程解读

将2003年旅游业疫情危机演化过程作为案例，在此基础上对入境旅游收入大幅下跌、快速回升又转缓的完整波动性变化过程进行理论解读，并从中抽象出如图5-3所示旅游业疫情危机演化过程图，此处选择以时间为横坐标、旅游经济为纵坐标来直观表现旅游业波动性演化过程。具体过程如下：

1.锐减现象。在危机前阶段，疫情危机尚处在潜伏状态，尽管已经出现征兆,但其严重性未被人们感知到,此时疫情未对旅游系统正常运行产生干扰,旅游业仍处在正常发展状态,旅游经济无明显变化。在危机中阶段,疫情危机由隐性走向显性、由产生走向爆发,此时因政府开始全力开展疫情防控工作,如交通限制、人流限行、景区关停,导致旅游人次减少、旅游收入锐减,旅游业及其相关行业大幅受损,旅游系统面临全方位的冲击,出现短时间内旅游经济断崖式下跌的状况。

2. 回升现象。在国家快速反应、强力干预及防控措施下,疫情逐渐得到控制,从爆发走向衰退,此时人们在疫情期间被压抑的消费需求逐渐得到释放,旅游经济以较快速度回升,有可能出现报复性的快速反弹现象。

3. 转缓现象。在危机后阶段,疫情逐渐消亡,快速回升的旅游经济在达到峰值后小幅下降(该峰值有可能高于疫情爆发前),最后趋向于平缓,不再出现大涨大落的情况。这是危机生命周期走向末尾但危机影响仍未消失的阶段。

总体来说,在整个危机生命周期内,疫情危机下的旅游业演化过程先大幅锐减到一个最低值,后以较快速度回升反弹,最后回归到一个平缓状态,整个波动性变化趋势与疫情发展形势完全相反,在疫情最高峰对应出现一个旅游经济低谷,这也是旅游业强脆弱性与强恢复力并存的现实案例。

二、疫情危机影响下旅游业阶段划分

在旅游业变化过程图的基础上,根据旅游经济下跌、回升的关键转折点,即图5-3曲线上的疫情爆发点、疫情转折点、消费平缓点三个极值点,将演化过程划分为三个阶段(如图5-4所示),分别是短期锐减阶段、中期过渡阶段、长期缓和阶段。这是基于但又区别于疫情危机生命周期的阶段划分与解释方式,更能体现疫情危机影响下旅游业自身的变化规律以及阶段差异性。

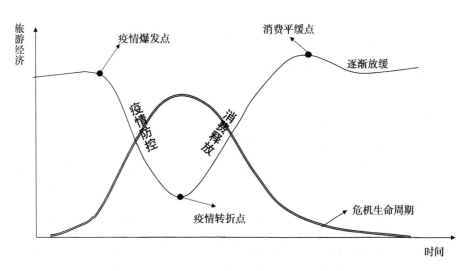

图 5-3　疫情危机生命周期及旅游业变化过程

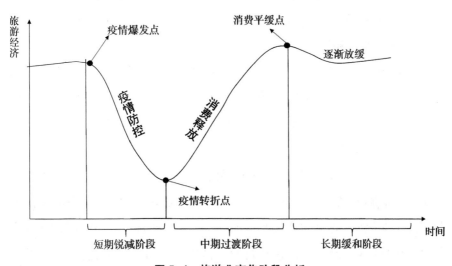

图 5-4　旅游业变化阶段分析

（一）短期锐减阶段

短期锐减阶段是从疫情爆发点至疫情转折点的阶段。在该阶段内,疫情由潜伏状态走向全面爆发,感染人数急剧增加,危机形势进入最恶化的状态且疫情拐点难于预测。政府采取严格的防控措施,防控力度不断加大,各行各业运行均受到严重干扰,其中高度市场化的旅游业受损尤为严重。旅游系统遭受全方位的冲击,难以运行甚至进入瘫痪状态,需求端游客消费信心锐减,供给端旅游企业收入锐减,产业链上下游均陷入停滞、瘫痪状态,旅游市场跌入最低谷。

(二)中期过渡阶段

中期过渡阶段是从疫情转折点至消费平缓点的阶段,也是旅游业从低谷状态向初步恢复状态进行过渡的阶段。此时疫情拐点已经出现,由爆发阶段开始走向衰退阶段,危机形势得到控制并开始减缓。疫情的各方面防控工作成果显著,防控力度有所降低但仍不可松懈,既要防止过度反应,也要防止缺口漏洞,避免疫情反弹。此时旅游系统开始逐渐恢复运行,且在恢复的同时也在进行不断调整。旅游市场逐渐被激活,旅游经济逐渐复苏,需求端、供给端也在同步恢复,但在短时间内难以恢复到正常状态,且恢复速度、恢复程度均不确定,甚至可能出现倒退现象。

(三)长期缓和阶段

长期缓和阶段是消费平缓点之后的阶段,也是旅游经济反弹结束但疫情影响仍未消失、逐渐缓和的阶段。此时疫情进入消亡阶段,危害程度逐渐降低并消失,危机生命周期走向终点,但危机的影响尚未完全消失。疫情防控工作也走向收尾阶段,开始进行疫情危机管理的工作总结,各行各业逐步进入正常运行状态。旅游系统趋近于完全恢复状态,但旅游业整体仍需面临旅游市场结构变化以及旅游行业调整,以及较为微观层面上旅游企业运营、竞争的调整和旅游者需求、动机的调整。疫情带来的潜在影响在该阶段开始显现,包括行业整体危机应对管理能力提升,以及旅游者需求变化、旅游企业产品变化和行业趋势变化,这些潜在影响会在危机结束后逐渐转变为现实影响,并进一步影响疫情后旅游业的发展。

三、疫情危机影响下旅游业阶段特征

与危机生命周期各阶段一样,疫情危机影响下旅游业变化阶段同样具备明显的差异性,各阶段变化随着危机生命周期的发展表现出各自的特征。在阶段划分的基础上,分析旅游变化各阶段特征,加深对旅游业疫情危机演化过程各阶段的认识。

(一)短期锐减阶段:危害极端性

短期锐减阶段同时又是疫情的高峰期,在短时间内产生严重的负面影响,这种危害是大范围、大规模、深程度的,具有极端性特征。从宏观层面来看,旅游业作为活力产业、幸福产业、开放产业,又是许多区域的支柱产业、扶贫产业,旅游业的大幅受损会对国民经济产生较为明显的负面影响;同时旅游业因其关联性强的特点,其本身遭受的冲击也会波及到众多相关行业中,从而加剧国民经济的波动性变化。从中观层面来看,旅游业作为依赖客流空间流动、聚集的高度市场化产业,在疫情期间受到的冲击是尤其明显的,整个行业处于停摆状态,旅游需求端需求量大幅锐减,旅游供给端旅游收入大幅下滑,行业整体受损严重。从微观层面来看,旅游企业处境艰难,一方面旅游企业业务暂停,难以营收;另一方面,旅游企业仍需支付企业运营的人力成本和固定成本,如员工工资、房租、水电等,同时还需面临一波产品"退改潮",大量的订单退改不仅导致现金流吃紧,也再次加重了企业的运营成本,导致旅游企业在该阶段艰难生存甚至难以维续。

(二)中期过渡阶段:恢复不确定性

中期过渡阶段是疫情走向衰退但尚未结束、旅游业各方面亟待恢复的阶段,疫情衰退与市场激活的同步进行使该阶段面临许多不确定性,这种不确定性对于行业恢复是负面且需高度警惕的。从客观层面来看,疫情尚未结束,即意味着如果防控力度松懈或者出现防控缺口漏洞,疫情随时可能反弹,加剧对旅游行业的冲击,延长疫情生命周期长度。从主观层面来看,一方面,旅游行业整体的恢复速度、恢复程度难以确定;另一方面,经历疫情洗礼、急需获得收益的旅游企业经营行为难以把控,可能出现混乱竞争、消费欺诈的现象。无论是疫情反弹还是旅游市场混乱,对于已经经历了强烈冲击的旅游业来说,都是严重甚至是致命的,都需要严格把控、警惕预防。

(三)长期缓和阶段:挑战与机遇共存性

长期缓和阶段是疫情走向消亡、旅游业走向完全恢复的阶段,也是旅游业挑战与机遇共存的阶段。从挑战来看,首先是行业整体面临疫情后期恢复调整的挑战,行业需要从反弹结束的快速增长中调整和缓和过来,也需要逐渐调整至疫情前的发展状态,并适应行业内部结构变化;其次是企业,该阶段旅游企业需尽快推进疫情后恢复计划,及时寻找到优势市场。对市场需求变化快速反应,进行业务调整。从机遇来看,一方面,该阶段蕴含着行业转型升级的发展机遇,此时疫情走向结束,但对社会生活、人们观念的潜在影响才刚刚显现出来,这些影响会反映到游客需求、企业经营、市场分化、行业趋势上,其中便蕴含着行业的发展机遇以及转型升级的契机,需要摸清这些潜在影响,把握难得机遇;另一方面,该阶段蕴含着行业优化发展机遇,疫情进一步暴露出了行业弊病,如政策协调度不够、市场主体创新不足、供给需求不匹配等,这些长期存在的问题,对于此时已经经历行业洗牌调整、发展较为急切的旅游业来说,正是难得的解决行业弊病、寻求转型升级、推进优质发展的时期。

第二节 疫情危机影响下旅游业演化分析

在阶段划分以及阶段特征分析的基础上,本节从旅游者、旅游企业、旅游行业三个角度,由微观到宏观、由浅至深较为系统地分析各个阶段的变化,进一步加深对疫情危机影响下旅游业变化过程各阶段的认识。

一、短期锐减阶段

(一)旅游者:取消短期出游计划

旅游者取消旅游行为既有主观意愿的原因,也有客观条件的限制。

从主观意愿上来说,疫情的爆发使公众对于出游安全的信心降低,同时受到官方舆论的号召,旅游者出现蔓延性恐慌情绪,选择取消短期内的出游计划。从客观条件上来说,为了避免疫情的扩散,政府对各交通通道做出了不同程度的流动限制,如高速公路出入口的禁行、部分地区封路等,造成大部分旅游通道关闭;同时,大量的景区、旅行社、酒店在防疫措施的限制下,纷纷关门歇业,并对旅游者已产生的预定服务进行退票退款。旅游信心的丧失、旅游通道的关闭以及旅游供给的减少共同促成了大量旅游者取消旅游计划,导致短期内旅游人次锐减。

(二)旅游企业:危机冲击存在差异

疫情爆发期间,不同旅游企业面对危机的程度不同。从企业类型来看,上游是大投资带动的资源开发和运营的主体,尽管投入较大、承受重压,但应对危机的稳定性、安全性也相对较高;中游是渠道建设和交易促进的主体,基本上是以旅行社和OTA为代表的旅游交易服务企业,是典型的轻资产、快流动企业,彼此间竞争激烈,在短期内受损最为严重,也最容易因现金流断裂而关停清算;下游的主体是旅游服务企业,包括酒店、旅游交通、餐饮、购物等,产品类型多样、多元分化,企业压力相对较小,但仍面临人才流失的困扰。从企业自身规模来看,大企业需面临人才流失、投资者信心不足、业务转向的问题,但其存量较为丰富,具有一定的资金基础,压力相对较小;微型企业轻资产、轻投入,在疫情爆发期间容易抽身或者进行业务转向,压力较小;中小型企业生存压力最大,相互间竞争激烈,部分企业甚至不惜成本倒挂,资金链断裂的风险更大,倒闭清算的可能性更高。

(三)旅游行业:陷入停摆大幅下滑

疫情爆发使整个旅游行业停摆,面临全方位的冲击。从旅游经济角度来看,大量短期内计划的旅游活动取消,旅游收入和旅游人次大幅锐减,造成旅游经济大幅下滑,其中疫情严重的地区以及旅游业依赖程度较高的地区将尤为惨烈。从旅游市场角度来看,三大旅游市场均受冲击,国内旅游市场是主体市场,但因疫情影响导致春节旺季变为淡季,近期内全面阻断,出现断崖式下降;出境旅游市场前期受国内疫情影响,后期受全球疫情形势影响,在较长时间内遭受冲击,对于全球旅游市场来说也是一个巨大打击;入境旅游市场受影响最深,完全进入停滞状态。从旅游产业角度来看,外部视角上,旅游业因其强关联性、融合性特征,产业自身所受冲击将波及其他产业,同理,其他产业所受冲击也将加剧旅游产业受损;内部视角上,疫情带来的剧烈冲击,导致旅游产业链震荡,出现较多旅游企业关停或并购,可能出现大面积的"踩踏"乃至产业并购潮,产业内部结构发生明显变化。

二、中期过渡阶段

(一)旅游者:消费逐步释放

随着疫情形势逐渐得到控制,防控力度有所放松,交通逐渐恢复,目的地出入限制解除,部分景区开始对外开放。疫情期间受到压抑的旅游需求在该阶段开始逐步释放,同时在前期隔离中积攒的对健康户外生活、良好自然生态、亲朋亲子娱乐的向往,会促使人们产生新的旅游需求并在该阶段寻求满足。但受制于消费信心,消费释放并不是在短期内全面爆发,而是逐级分层式的逐步释放。此时最可能开展的旅游活动,是以散客、小团体或家庭为主体的小群体游,以自驾车为主要形式的自驾游,以及以周边、郊区、乡村为主要目的地的短途游。最可能进行消费的群体是商务出差人群以及30岁以下的年轻人群,商务出差人群主要开展城市旅游活动,年轻人群则倾向于选择人口稀疏、户外开放的周边地区进行休闲旅游活动。但因这次疫情的持续时间较长,为弥补疫情爆发期间工作学习时间的损失,旅游者的可自由支配时间将会缩减,一定程度上抑制了消费者的旅游需求;且疫情期间的停工可能对部分旅游者的旅游观念产生一定影响,尤其是家庭负债率较高的旅游者,因可自由支配收入缩减,人们在旅游预算方面将会持更加谨慎的态度。

（二）旅游企业：经营逐步恢复

随着旅游者需求的逐步恢复，旅游企业的经营也在逐步恢复，但因疫情防控仍不可松懈以及旅游消费需求尚未完全恢复，故旅游企业的恢复是逐级分区、有序推进的。从恢复类型来看，最先恢复的是交通、住宿等服务类企业以及以 OTA 为主的线上渠道企业，然后是自然地理空间比较大的目的地景区。从恢复区域来看，最先进行复工复产的旅游企业是低风险所在地企业，其次是周边地区的企业。此外值得注意的是，该阶段恢复经营的旅游企业也存在着恢复风险。一方面是疫情反弹的影响，因疫情尚未完全结束，故在该阶段开展复工复产的旅游企业可能面临恢复失败的风险，同时旅游企业也仍需配合疫情防控工作，按照中央整体部署和要求，缩减接待规模，避免人流聚集，因此企业经营的恢复程度受到了限制；另一方面是经营乱象，在逐步恢复过程中，可能存在有前期受损程度较大、急需挽回利益的旅游企业，为尽快弥补前期亏损、争取更大的利润、抢占优势市场等目标而采取各种非常规的经营行为，导致低价竞争、质低价高、商业回扣、消费欺诈等竞争乱象出现。

（三）旅游行业：市场逐渐激活

旅游消费逐步释放、旅游企业逐渐恢复经营的情况下，旅游市场也在逐渐激活，旅游经济以较快的速度从谷底回升，与旅游业相关的行业也在逐步恢复。但旅游业作为依赖客流流动的高度市场化行业，在疫情尚未结束的情况下，全面放开有组织的旅游活动和全面开放旅游景区的条件、时机尚不成熟，旅游业依然是防控重点，需要在人流控制上配合政府防控工作，因此其恢复速度较其他行业可能相对落后一步，但也有可能在后面的阶段反超。其次，由于疫情导致产业链震荡，上下游旅游业务调整，在逐步复工复产的过程中，可能存在产业链生产环节配套难的问题，反映到整个旅游市场则是市场供需配套难，不利于旅游市场的激活与恢复。此外，在疫情期间受损严重的旅游业，会得到政府的资金支持以及政策扶持，但资金救助以及扶持政策的有效性，也会影响到旅游市场的激活及其恢复程度。

三、长期缓和阶段

（一）旅游者：需求转变，线上依赖

此时旅游需求尚未完全恢复，但需求的释放速度开始变慢，旅游者的旅游动机以及旅游行为模式的变化开始表现出来。在需求方面，大部分旅游者更倾向于选择亲近自然、有益身心、远离人群的旅游产品，如健康旅游、生态旅游、绿色旅游等，热衷于散客游、家庭游、小团体游的旅游形式，该阶段也会有少量的长线游、团体游、出境游需求开始出现。游客对目的地的关注焦点将发生变化，游客将更加关注旅游目的地的安全、卫生状况，其次是目的地人口密度，尤其是游客密度，倾向于选择人口低密度旅游区，避开旅游拥挤的传统型景区。旅游者对旅游产品个性化、服务优质化的需求将得到强化，将更注重旅游中的个体需求满足，以及旅游服务中的安全健康保障和愉悦舒适体验。另外，由于疫情期间对网络平台、网络信息和网络交流的依赖，疫情后人们将更加信赖线上平台和线上信息，网络成为最主要的旅游信息获取渠道、旅游产品咨询以及购买渠道，并对在线产品的类型、质量提出更高的要求。在"云消费"的行为模式养成并不断强化后，旅游者将不断产生更为多元的"云旅游"需求，从而推动旅游形式的多元化。

（二）旅游企业：优胜劣汰，调整提升

此次疫情促进了旅游企业间的优胜劣汰，是行业内部的一次洗牌。首先，经过疫情洗礼，一批小、弱、散的企业或同质化严重的企业难以维续、无法存活，面临着关停清算或被并购重组；资金链紧张的企业面临着无力研发新产品、满足新需求进而丢失市场份额的风险；大型企业则面临着前期投入无法回收、现有项目转向以及组织架构调整的问题；基础较好、产品创新能力强的优质企业则在疫情中顺利存活，并在疫情后快速推出满足市场需求的旅游产品，及时抢占优势市场。其次，在疫情中存活下来的旅游企业也将进行自身的调整提升。一是企业风险意识提

升。疫情过后企业风险意识有所提升,较多企业会选择加入大型企业连锁集团、成立中小型企业联盟或者加强与产业链上下游企业的合作,促使产业集中度提升。二是产品多元化提升。疫情期间旅游业务的暂停,促进旅游企业静下心来进行产品研发工作,可能有一大批精细化、多元化的产品在疫情过后涌现出来,带动产品同质化程度降低。三是线上运营的提升。疫情期间线上平台、线上渠道的重要性进一步凸显,企业将愈加重视线上运营,包括线上的平台建设、产品推送、服务购买等,可能出现火热起来的线上旅游社区、网络直播打赏的云产品以及线上种草、线下打卡的热门旅游地等。四是大力营销。疫情后期为快速抢占优势市场,旅游企业将寻找新的细分市场,并根据旅游需求的转变快速推出特色旅游产品,并进行大力营销。

(三)旅游行业:逐级恢复,趋势转变

因疫情对旅游业的影响呈现"由远及近",恢复呈现"由近及远"的态势,故疫情后,首先恢复的是短线游,然后是逐渐向周边区域延伸的中长线游,最后是长线旅游。其次,根据"由近及远"顺序,国内旅游、出境旅游、入境旅游三大旅游市场中最先恢复的是国内旅游市场,然后是出境旅游市场,但出境游会同时受到国内以及全球疫情形势的影响,恢复时间较难确定,最难恢复的是入境旅游市场,国外游客旅游信心需较长时间来恢复。旅游市场在逐级恢复的同时,一些优势细分市场如周边游、微度假、健康旅游市场等将快速复苏、高速发展,此后也可能出现新的市场,并带动市场细分进一步精细化,增量市场和投资机会也会逐渐显现出来。其次,因疫情期间对线上平台、线上渠道的依赖程度大幅加深,疫情后旅游与线上的融合将进一步加深,在线旅行将会再次快速增长,市场渗透率快速提高。另外,疫情影响下进一步放大的行业弊病如产品同质、供给错配、结构失衡、政策低效等问题会得到重视,从而有利于推动行业高质量发展。

第三节　疫情危机影响下旅游业阶段应对措施

在各阶段变化分析的基础上,根据各阶段表现提出针对性的应对策略,分别是短期救助策略、中期调控策略以及长期优化策略,旨在为疫情危机影响下旅游业的危机应对提供动态过程管理建议。

一、短期救助策略

(一)保护消费信心,守住行业动力

在疫情爆发期间,各种关于疫情的媒体消息大量出现,真伪难辨、质量参差不齐的报道会严重影响旅游者的态度与行为,客观的媒体舆论有利于旅游者准确判断旅游市场信息,误导性的舆论信息容易造成旅游者恐慌,不利于后期消费信心的恢复。因此,各级地方部门应加强对媒体舆论的监督,客观准确把控舆论方向,传播真实疫情信息,防止媒体过于夸大、过度反应,同时鼓励媒体传递积极的正向信息,如当期疫情防控推进工作、后期经济恢复部署计划等。对于旅游行业来说,疫情爆发期间旅游业的积极配合和主动作为有益于行业形象的提升,故旅游企业应在疫情防控工作中勇于担当,积极配合旅游者行程取消后的产品退改相关事宜,保障消费者的合理合法权益,主动寻求上下游企业的协同处理。旅游行业组织应积极配合政府开展的疫情防控工作,及时发布、更新真实客观的旅游信息。

(二)救助旅游企业,守住行业基础

旅游企业在此次疫情危机中受损最直接、生存压力最大,因而需要加大旅游企业的救助力度以保障旅游业的供给能力。考虑到当前宏观经济背景的现实情况,对于救助的旅游企业类型,应重点关注从事组织输送客源的旅行社和 OTA 等企业,重点关注质量较高、可持续性较强的企业,同时也要根据不同旅游企业的成本结构,对各政策细节进行细分和落实,以

达到更好的救助效果。旅游行业组织应积极协调政府与企业间的关系，主动争取政府对旅游行业的政策扶持以及资金救助，同时有序引导企业在疫情期间开展产品研发，转向线上服务。旅游企业在接受国家救助的同时，也应积极开展自救，积极跟进疫情防控进展情况，建立应急预案，提高风险识别能力，管控成本和费用，在开源节流和保障现金方面要积极谋划，并做好内部优化，包括工作流程、服务质量、产品创新等，为后期的营收做准备，同时在纵向上与上下游企业加强协调，在横向上与其他企业寻求互助，提高自身的危机应对能力。

二、中期调控策略

（一）严格防控疫情反弹，特殊时期特殊经营

首先，为了防止疫情反弹，在严格落实各项防疫要求的同时，有序推动复工复产，分区域、错峰进行谨慎复工，以线上办公、轮班到岗等方式推进复产。在复工复产的同时，积极配合防控工作，避免旅游人流聚集、区域拥挤，需合理调节游客流量，严格把控客流大小及流向，明确特殊时期的接待规模，严守人与人之间的距离红线。其次，鼓励旅游企业在特殊时期采取特殊经营模式，创新开发特殊时期的分时旅游产品，如分时门票、分时酒店、分时娱乐项目等，并打造线上云产品，培养旅游者线上旅游、线上消费的新需求。同时，充分把握疫情带来的生产空闲开展营销推广，打造充分展现产品特色的营销视频，充分利用自媒体平台，推出疫情期间策划的特色产品，以宣传营销工作为重点，为后期市场反弹、有效抢占优势市场做好准备。

（二）旅游市场有序恢复，激励监管双管齐下

首先是要加快前期旅游市场的恢复速度，适当对供给和需求两个方面给予适度的激励性政策。一方面进行暂时性地面向特殊时期的带薪休假制度的实施，保障出游时间，并辅以更加灵活的金融产品，如分期支付、延迟还款等，刺激旅游消费；另一方面给予旅游企业资金救助以及政策激

励,鼓励旅游企业率先推出近郊、周边游以及生态游、乡村游等,并根据其自身独特优势,面对新的市场条件摒弃旅游产品的简单复制,通过创新产品、创新服务模式,帮助企业走出产品同质化、低价竞争的恶性市场竞争圈,获得更高的市场份额。在对需求、供给两端进行激励的同时,还需注意在复工复产过程中供需配套、产业链上下游配套的问题,在旅游经济系统观和旅游产业生态观的指导下,合理有序地进行复工复产的区域、层次布局。其次是警惕后期市场混乱竞争现象,加强市场监督,防止规范倒缩,强化政府管理职能,如加大对旅游投诉的管控力度、结合旅游法规出台相应条例。除此之外,旅游企业也应加强对一线员工的素质培训,提高服务质量,尤其是人员流失较大的企业,更应加强对新员工职业素养的培训与考核,防止服务质量下降等情况的出现。

三、长期优化策略

(一)面对挑战,迅速恢复调整

在疫情后期,应积极制定、部署促进旅游业恢复重振的计划,在疫情走向消亡时迅速投入实施,结合国内外宣传造势,以"由近及远"趋势恢复旅游市场,加快旅游经济重振。以国内市场作为基础,根据旅游者短途游、短期游需求的增长,以及散客化、个性化需求的强化,推出乡村旅游、康养旅游、户外旅游等产品,打造疫情后旅游新热点产品,同时逐步推出中长线的户外运动、健康度假旅游产品,有序分层恢复国内旅游市场。出境旅游市场恢复需注重全球疫情形势以及出境便利化,一方面需根据境外疫情形势严格管控出境旅游,另一方面,在全球疫情形势好转前提下,为旅游者提供便利的出境条件,发挥出境游对入境游的潜在正向影响。入境旅游影响最深、恢复最慢,应重塑健康安全的旅游目的地形象,大力推进旅游营销、产品推送,提振入境旅游消费信心,同时也需构建完整入境游产业链,增强优质供给。

（二）抓住机遇，推动产业升级

推动行业发展，一是要抓住消费转变机遇，推广绿色旅游生产方式、消费方式，实现消费模式绿色升级，促进旅游业更具创新活力地可持续性发展，同时根据游客需求，开发健康旅游、体育及户外旅游、线上旅游等产品，实现产品结构优化。二是抓住产品多元提升机遇，为旅游企业提供活跃的市场环境以及有激励性的创新环境，促进企业良性竞争，开发特色旅游产品。三是抓住行业融合机遇，一方面把握"旅游+科技"机遇，通过智能化技术降低人力成本、运营成本和运行风险，通过内容创造、虚拟运营、智能服务、体验互动等方式打造"云产品"，通过新媒体运营，充分利用社交性更强的营销平台进行互动式推广宣传；另一方面是要抓住文旅融合大趋势，充分发挥"文旅融合红利"，通过文化内涵挖掘、文化意义赋予、文创产品开发等，实现越来越多的文创产品在旅游产业中的结合、应用，为旅游业发展积蓄大量动能；要发挥旅游业关联性、融合性强的特点，实现旅游业与其他行业的多元融合，导入文化、艺术、美食、体育、音乐、影视、游戏等内容，盘活存量资源，延伸产业链，挖掘新的消费市场，实现多领域、多市场的组合。

第四节　疫情危机影响下旅游业
发展趋势研判

新冠肺炎疫情给旅游业整体带来了冲击，也对今后旅游业发展产生了影响，这些影响是疫情带来的潜在影响，会在疫情结束后逐渐显现出来，并最终表现为旅游业发展新趋势。在对疫情影响下旅游业阶段变化及其应对进行分析的基础之上，本节立足当前现实状况以及未来发展需要，从旅游企业、旅游目的地、旅游行业三个角度，分析预测疫情后旅游业发展将呈现的新趋势。

一、旅游企业发展趋势

（一）推出多元化产品

疫情后旅游消费需求的转变以及旅游企业自身的调整都会带动旅游产品的多元化发展。从消费需求来看，一方面经历过此次新冠肺炎疫情后，旅游者的消费需求会发生转变，倾向于选择户外开放、绿色生态、有益身心的旅游产品，如乡村旅游、生态旅游、健康旅游、体育旅游等，进而会带动旅游企业产品供给的转变，企业将跟随市场需求的转变进行产品、业务调整。另一方面，疫情也强化了个性化、散客化的旅游需求，需求的多样化则意味着更多特色细分市场的出现，要求企业供给产品更具独特性、针对性，进而推动企业产品多元化发展。从旅游企业来看，疫情期间是旅游行业全面停摆的时期，但也是旅游企业难得的产品创新、运营调整的时期，基础较好能够存活下来的企业，在疫情期间组建专门的产品设计团队进行研发、创新工作，为疫情后的恢复振兴做好准备，因而疫情后会有大量创新产品推出，进而带动旅游产品降低同质化程度。此外，此次疫情是对行业的一次洗牌，促进企业间的优胜劣汰，同质化程度高的企业难以维续、关停清算，存活下来的优质企业则将会大幅提升危机意识，将通过多元化产品供给提高自身的竞争力以及抗风险能力。

（二）提供优质化服务

此次疫情后，旅游企业将通过加强安全健康保障、推进无接触服务、提高服务质量，推动服务优质化发展。首先，此次新冠肺炎疫情是一次公众性的健康危机，使人们更加注重安全、卫生、健康，对旅游活动中的安全、健康也提出了更高的要求，将推动旅游企业在提供旅游服务时加强对旅游者的安全、健康保障，提升旅游者的消费信心。其次，疫情期间为了有效防控疫情，极大地推进了无接触服务的发展、应用和普及，如无接触快递以及无接触外卖等，这种服务模式对于交易双方来说都是一种有效的安全保障，在这种情况下旅游企业将不断加强对非接触旅游模式的研究、创新以及应用,如自助入住、预约系统等,提高旅游服务的安全性以及便捷性,有效推动行业人力成本降低以及效率提升。除此之外,此次疫情之后,旅游者对于旅游供给有了更高的追求和更清醒的认知,对旅游服务质量的要求进一步提升,在这种情况下,为有效挽回市场以及抢占优势旅游市场,企业经营者将有所准备,提高自身的旅游服务质量。从长远来看,旅游服务质量是旅游供给中一个重要的部分,对服务质量的把控也是未来旅游企业取得竞争优势非常重要的方面,疫情将推动旅游企业根据游客细分的市场需求进行精准定位,提供游客满意度高的旅游服务,促进企业更具持续性的发展。

(三)开展品牌化竞争

疫情后品质化、差异化竞争趋势以及行业资本整合将推动企业间的品牌化竞争。疫情是旅游企业的一次生存战役,加快了同质化程度高、缺乏竞争优势的企业的消亡速度,同时旅游需求愈加多元、优质服务要求不断提升,意味着疫情后旅游企业间的竞争,无法再依靠简单的旅游产品复制来获得一定的市场份额,而应该是品质化、差异化的竞争,旅游企业需塑造自身的核心竞争优势,强化自身的品牌价值。其次,此次疫情是行业外其他资本进入旅游行业以及行业内大型企业整合兼并资源资本、做大企业主体的最佳时期,且因疫情后旅游企业的风险意识提升,旅游企业将通过加入大型连锁集团或成立企业联盟来提高自身的抗风险能力,这意味着未来旅游企业间的竞争将以大型主体间的竞争为主,品牌化竞争得到进一步强化。具体来看,资源端旅游企业 IP 化加速,通过将文化元素充分植入到景区游览项目及相关文创产品中,实现文化的多维呈现,突出自身的产品特色;渠道端旅游企业仍旧是以大型 OTA 为主,今后可能出现其他的大型平台,但企业间的竞争将更加依赖于品牌价值,品牌化竞争更为激烈;服务端旅游企业类型比较多,其中大型连锁集团或企业联盟更能保证优质旅游服务的供给,其品牌价值更高,市场竞争更占优势。

（四）推动在线化升级

旅游企业在线效率提升主要体现为在线交易增加、在线产品丰富、在线营销推进这三个方面。由于疫情期间对于线上信息、线上平台的依赖，线上渠道的便捷性进一步凸显，消费者线上行为习惯进一步形成，旅游企业也愈加重视线上运营，线上收入占比快速增加，在线效率不断提升，在线旅行将再次快速增长。一是线上交易的增加，疫情前线上交易以OTA平台为主，疫情后将有更多的旅游企业开拓在线交易的渠道，线上交易的数量将增加，旅游企业线上收入占比将加速提升；二是在线产品的丰富，本次疫情之后，旅游企业将提供更加便捷高效的线上服务，压缩企业经营成本，将传统旅游"人的移动"与新业态"宅经济"有机结合起来，盘活旅游存量，创新推出更为多元的"云旅游"产品，稳步推进增长，虽然疫情过后旅游还是要回归到线下体验，但是非现场的虚拟产品不会退场，还将作为现场旅游体验的前置或者补充而存在，并且随着技术的发展，线上与线下、现实与虚拟的体验将越来越呈现出融合的趋势；三是线上营销日趋活跃，疫情后企业将大力推进线上营销，包括优化提升门户网站，加强与OTA、旅游攻略网站的合作营销，进行微博、微信公众号等自媒体营销，以及通过直播、短视频等进行互动式推广营销等。

二、旅游目的地发展趋势

（一）旅游标准实施

疫情后旅游地将更加重视旅游标准的作用，加快旅游卫生、旅游设施、旅游服务、旅游管理等方面标准的制定与实施。疫情爆发使得国民卫生得到空前重视，餐饮、交通、住宿等行业纷纷采取措施出台相应的卫生标准，如《公勺公筷使用规范》地方标准的出台。对于旅游业而言，目的地旅游卫生条件至关重要，因而旅游卫生标准的制定将成为目的地旅游标准工作中的重点内容。当前我国旅游设施标准主要集中在设施建设规范方面，如景区道路、标识标牌等，在疫情影响下，目的地会重视安全围栏、防滑步道、旅游救护点等安全类旅游设施标准的制定,为旅游者提供安全性更高的旅游场所环境。旅游服务标准主要用于指导旅游活动中各项软服务工作的开展,如从业人员行为规范,从现有多个旅游服务地方标准中可以发现,已有标准多关注规范性的实施流程,而较少涉及人文旅游过程中的人文关怀,这一次公共卫生事件会促使目的地开始重视旅游服务标准中的非规定性内容,强调对旅游者的人文关怀,提高服务质量。目的地的旅游管理标准一直以来多是集中在行业管理、市场规范、部门责任等方面,新冠肺炎疫情的发生会使旅游目的地重视管理过程中的应急管理领域,从而使目的地旅游管理标准更加完善、科学。

(二)旅游形象重塑

首先,疫情后旅游地将重塑目的地安全旅游形象,消除疫情对游客的心理影响,这是旅游者对旅游地产生旅游动机的前提和基础,基于此,旅游人次才会逐步恢复,相关配套的交通、酒店、购物、娱乐也将陆续恢复。为此,旅游地将通过主流媒体进行官方宣传,突出旅游地对疫情的有效防控以及旅游安全的提升保障,恢复旅游者的消费信心。其次,疫情后旅游地将重塑目的地健康旅游形象,满足疫情后递增的健康旅游需求,对现有的存量市场和增量市场起到营销和宣传的刺激作用,从而实现市场迅速恢复的目标。为此,旅游地将制定健康旅游目的地的形象传播方案,在梳理现有优质旅游资源、重塑旅游地健康安全旅游形象的基础上,大力推进健康旅游形象的传播推广工作,充分利用多样营销方式、营销平台,重点把握主流媒体的影响力以及网络媒体的传播力,实现旅游地新形象的快速传播。同时,为配合旅游地新形象传播,旅游地将更为重视健康旅游、生态旅游等的营销,重点宣传推广相关的系列旅游产品,有效吸引客源市场。

(三)旅游业态创新

疫情后旅游将根据旅游需求的转变重点推进乡村旅游、生态旅游、健康旅游等产品的业态创新。疫情后旅游需求发生较大的转变,与之相应,旅游地也将主动或者被动地推进旅游业态的创新,满足转变或新增的市场需求。具体来看,一是通过提升乡村旅游满足市场近距离旅游需求,从长期来看,疫情后市场对乡村环境的向往会更加迫切,但以往同质化程度较高、服务质量较低的乡村旅游产品已不能满足疫情后旅游者的需求,故旅游地将推进乡村休闲旅游产品的发展,通过乡村振兴、产业扶持政策,进行乡村旅游产品的升级。二是通过创新生态旅游产品满足市场中存在的开放性旅游需求,疫情后人们将更加向往在生态环境好的开放空间中开展旅游活动,但过去生态旅游产品较为单一且体验性不强,无法满足疫情后旅游者对旅游产品更高的要求,因此为迎接疫情后即将到来的大量生态游客,旅游地将推进生态旅游产品的创新发展,吸引更多的生态旅游者。三是通过丰富的健康类旅游产品促进旅游地恢复,疫情后健康旅游迎来黄金期,旅游地将促进旅游业与健康行业的融合并形成合力,让健康旅游产品在疫情后尽快上市,并逐渐推出更为多元、精细、高级的健康旅游产品,扩大健康旅游市场,促进旅游收入的提升。

(四)旅游管理优化

疫情后旅游地将不断推进精细化、规范化、优质化旅游管理。一是通过数据融合推进旅游地科学决策,政府将通过加强前瞻性投入,推进政府数据和市场数据的融合共享、互动互用,用数据说话、用数据决策、用数据管理、用数据创新,实现新管控、新监管、科学决策,推进旅游地精细化管理。二是通过智能技术实现旅游要素管理,旅游地将不断通过智能技术推进规范化管理,包括旅游设施的在线化、旅游要素资源的网络化、旅游服务的智能化等实现"智能管理",合理进行空间布局,充分利用要素资源,准确把控旅游客流。三是通过信用管理完善市场监管,当前 A 级景区会因不能达到标准被文化和旅游部以及省市文化旅游部门摘牌,未来随着优质旅游管理的推进步伐加快,以及信用档案的完善和大数据技术的进步,信用管理将会成为旅游地进行市场管理的重要工具,旅游企业靠违规方式赚取利润的空间将越来越小,进而不断优化旅游市场的监管。

未来旅游地旅游管理的水平将不断提升,借用大数据、智能技术等实现更为规范、高效、精细、系统的管理,不断提升自身应对风险、危机的能力以及发展提升能力。

三、旅游行业发展趋势

(一)危机应对提升

经过此次疫情,旅游业将整体提升危机应对能力。此次疫情是一次突发危机事件,给旅游业带来了难以预估的负面影响,但这也是对旅游业危机管理能力的一次综合性检验,经过此次危机,旅游业将积累更加丰富的抗御市场波动和风险的经验,整个行业危机应对能力整体提升。具体来看,旅游管理部门将建立较为成熟的危机应对机制,包括进行危机前预警、危机时全行业联动应对、危机后工作总结提升等,同时也会注重大数据、人工智能等科技手段的应用,在危机中快速反应、及时应对,在危机后有效救助、较快恢复;旅游行业机构组织将丰富自身的危机应对经验,在危机事件中积极配合政府,有序引导企业,在危机后推进行业恢复;旅游市场主体拥有更为强烈的危机意识,形成较为系统的危机管理体系,并完善组织架构,不断提升自身的规范化、精细化管理能力,提升自身的危机应对能力。

(二)要素结构变化

疫情后旅游要素中的运营要素将会弱化,环境要素将会强化。旅游要素可分为三类,分别是运营要素、环境要素、发展要素。具体来看,第一类是运营要素,也是传统的吃、住、行、游、购、娱六要素,这是按照旅游者行为过程确定的要素,这些要素重点在于企业,其中住(连锁酒店)、行(飞机、汽车)差异较小,吃(地方餐饮)、游(景区景点)、购(旅游商品)、娱(文化体验)则更具地方特色,发展水平也有所差别。第二类是环境要素,涉及安全保障、环境友好、社会友好、公共服务等,这些要素重点在于政府,是公共产品。第三类是发展要素,涉及投资、管理、人才、信息、土地、市场,涵盖各类企业,主要功能在于推进其他要素的完善。在旅游发展初期,运营要素第一,发展要素次之,环境要素较不重要。到当前阶段,环境要素越来越突出,特别是在疫情过后,环境要素的重要性将超越运营要素以及发展要素,成为旅游优质发展的基础以及长远竞争的根本。

(三)韧性增长强化

疫情后旅游需求增加,旅游企业危机应对能力提升,促进了旅游业的韧性增长。首先,经过四十多年的改革开放,我国已具备坚实的经济基础,国内旅游持续高速增长,促进大众旅游向纵深方向发展,并深刻影响着国民经济发展,尽管遭受了疫情带来的强烈冲击,但我国仍然拥有全世界最大的客源市场,行业增长的主要驱动因素还在,旅游已成为人们的刚性需求,这种需求的韧性是极强的,在疫情的短期压制下还可能变得更强,因此,旅游市场基本面仍在并将持续扩大。其次,引导旅游经济发展的产业基本面也没有消失,越来越多的旅游企业通过企业自救、行业互助、政府托底共同抵抗疫情冲击,自我修复和研发创新的动能正在不断集聚,旅游产业基础仍然牢固,且在经过疫情考验后也将变得更为坚固,进而具备愈加坚实的韧性增长基础。尽管疫情给旅游业带来重大打击,但旅游业的危害及其影响是阶段性的,疫情后的旅游市场将不断扩大,行业发展动力加强,产业基本面将愈加牢固,行业基础更加稳定,这种情况下,旅游业的韧性增长将不断强化,抵御市场波动和风险的能力将大大提高。

(四)融合发展推进

疫情推进了产业融合,未来是"旅游+"产业融合新时代。此次疫情给旅游业带来了严重的负面影响,说明旅游业的危机应对能力还需不断提升,需借助多领域、多市场的组合方式增强其抵抗风险的能力。经过此次疫情,人们对旅游品质的重视程度日益提高,旅游市场的"长尾"特征越来越突出,特色旅游、专项旅游、定制旅游的市场不断增加,旅游业与其他行业的融合将不断推进旅游产品的多元化、品质化提升。值得注意的是,目前"旅游+科技"以及"旅游+文化"融合产生的新动能正在集聚,为对冲新冠肺炎疫情影响,国家已启动涵盖5G、人工智能、大数据等七个领域的"新基建",这将会推动数字旅游、智慧旅游等新业态融合发展,推动线上的虚拟旅游体验和线下现场的旅游体验融合,提供更立体、更多元、互动性更强的全方位旅游产品和旅游服务。此次疫情进一步说明了产业融合的重要性,未来旅游会和地产、金融、养老、教育等多个产业深度融合,形成新的消费场景和生活场景,通过多元融合助推产业高质量发展,未来的旅游业将会是以"+旅游"为形态的产业融合时代。

第六章　新冠肺炎疫情影响下
旅游消费趋势

随着国内疫情防控形势的积极向好,旅游业逐步进入解冻期,而疫情后旅游消费从外部扰动中恢复的反弹能力如何、人们的出游意愿表现如何、旅游消费行为有什么特征变化、未来的旅游消费又有哪些趋势,这些问题对于疫情后的旅游业恢复振兴具有较大的研究价值。本章基于恢复力理论视角,从工程恢复力、生态恢复力和适应性恢复力三个方面分析疫情后旅游消费的反弹能力,同时以问卷调查数据为基础,从旅游消费的需求动机、风险感知和行为偏好三个方面分析疫情后旅游消费的具体变化和趋势。研究表明,旅游业同时具有极强的敏感性和极强的恢复力,而旅游消费的脆弱性和恢复力是独立而不是相互排斥的,脆弱性的强弱并不代表受外部扰动恢复力的强弱。相反,疫情后旅游消费表现出较强的工程恢复力、生态恢复力和适应性恢复力。

第一节　疫情影响下旅游消费反弹分析

一、恢复力理论

恢复力(resilience)也被译为韧性、弹性。恢复力的概念最早由生态学家霍林(C.S.Holling)于 1973 年提出,用来描述系统遭遇自然或人为干扰后能否维持原状,或即使受创后能否迅速自我修复的能力。随着时间的推移,恢复力的概念被用于更加广阔的领域,有关恢复力的研究也从生态学的单维视角发展成为囊括了生态学、工程学、社会学以及经济学在内的多维视角。

表 6-1　恢复力的三种主要解释

类型	抗干扰能力的表现	内涵
工程恢复力	冲击发生后的复苏能力	强调复苏的时间和程度
生态恢复力	吸收冲击的能力	强调系统结构和功能的稳定性
适应性恢复力	积极的适应能力	强调系统在冲击发生后维持核心功能的能力

(一)工程恢复力

恢复力一词源自拉丁语 resilire,意指系统恢复至干扰发生前状态的速度。一般认为,美国生态学家霍林是较早将恢复力研究引入生态学和社会生态学研究的学者。他首先界定了什么是工程恢复力(engineering resilience),即系统在受到干扰之后恢复到均衡或稳定状态的能力。其中,所谓的干扰既包括洪水、地震这样的自然灾害,又包括金融危机、战争、重大卫生事件等社会巨变,而恢复力是以抗干扰能力和系统恢复到稳定状态的速度来度量的。可见,工程恢复力强调的是有效性和稳定性,侧重研究系统在干扰发生后保持或恢复稳定性的能力。

(二)生态恢复力

在界定了工程恢复力之后,霍林又在 1996 年界定了生态恢复力(ecological resilience),即系统在不改变自身结构、功能和同一性的前提下所能承受的干扰量。在"生态恢复力"框架下,恢复力不仅包含系统受到干扰后所需的恢复时间,而且还包含系统所能承受的干扰量及其维持稳定的阈值。与工程恢复力不同,生态恢复力否定了单一、稳定的均衡状态,承认多重均衡以及系统转化为其他稳定状态的可能性。生态恢复力的多重均衡思想在现实当中表现为,当外部干扰超过了系统维持稳定的阈值后,主体结构和行为就会发生改变,这样一来,均衡就不会出现在干扰发生前的状态,而是在新的状态下实现均衡。

著名的"杯球"模型对生态恢复力进行了形象解读,具体如图 6-1 所示。图中圆球代表系统状态,箭头表示外界对系统的扰动。模型中的状态 1 和状态 2 分别代表不同的稳定域,当系统(状态 1 内的球)受到扰动后,球被外力弹射出状态 1 进入状态 2 的过程为态势转变,此时生态恢复力的大小由稳定域的宽度(R)表示。

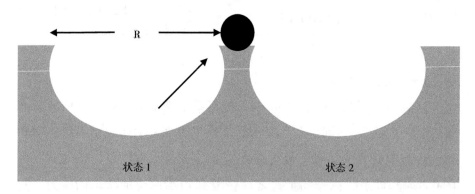

图 6-1　生态恢复力示意图

(三)适应性恢复力

适应性恢复力(adaptive resilience)也称为社会—生态恢复力,强调的是行为主体在遭遇外部压力、困境及干扰之后,迅速恢复功能所需的适应性的应对能力。换言之,有恢复力的行为主体普遍具有动态的自我调整能力。相较于工程恢复力和生态恢复力,适应性恢复力更加强调行为主体适应性能力的价值。

基于以上对恢复力理论的描述可知,在恢复力理论的框架下,其组成内容主要包括工程恢复力、生态恢复力和适应性恢复力。其中,工程恢复力强调的是系统在受到干扰后恢复稳定的程度与速度,生态恢复力强调的是系统在不改变自身结构、功能和同一性的前提下所能承受的干扰量，而适应性恢复力则更加强调系统主体的适应性和能动性。

（四）旅游恢复力

对应恢复力理论内涵，旅游业的恢复力主要来源于旅游工程恢复力、旅游生态恢复力和旅游适应性恢复力三个方面，具体表现为政府干预、刚性需求和企业作为，旅游恢复力便是这三者的函数。新冠肺炎疫情背景下，政府干预具体表现为率先提振旅游消费，将其作为疫后拉动经济增长的首选手段之一，出台税费减免、政策奖励、贴息贷款、货币补贴等有利政策；刚性需求表现为我国拥有全世界规模最大的国内客源市场，与之对应的旅游生产力规模也十分庞大，这为保持旅游业功能稳定与结构稳定提供了基础，也为旅游业的恢复发展提供了市场支撑；面对危机，旅游企业和旅游从业人员能够灵活应对，通过稳定核心功能和改变营销、管理方式来平稳度过危机事件。

二、旅游消费的工程恢复力

工程恢复力强调的是旅游业在疫情发生后的复苏能力，通过恢复的时间与恢复的程度来衡量。历史经验表明，旅游业具有较强的工程恢复力，危机事件得到成功控制后，旅游业都会在第一时间内表现出强劲反弹。政府通过干预旅游业，加速旅游消费恢复，出台税费减免、政策奖励、贴息贷款、货币补贴等有利政策，率先提振旅游消费也是疫后拉动经济增长的首选手段之一，从侧面体现出旅游消费的巨大工程恢复力。当前，已有诸多促进旅游消费的措施发布，包括国家各层面的经济扶持政策、各地方发布旅游消费券、周末2.5天弹性休假制度等。

（一）第一时间出现反弹

近20年来，我国旅游业发展遭遇多次危机事件，但是旅游业总能在危机控制后的第一时间快速迎来反弹（见图6-2）。2003年SARS危机后，当时普遍认为旅游业至少需要两年的时间才能完全恢复，但事实上旅游业在"非典"得以控制的半年之内,便迅速以国内游为引领实现反弹。"非典"后的第二年,即 2004 年,国内游人数同比增长 26.6%,旅游总收入同比增长 40.1%,达到了 6840 亿元。2008 年旅游业受国际金融危机和汶川地震影响,虽然旅游总收入同期增长率跌破个位数,但在第二年又立即恢复,旅游总收入的同期增长率达到了 11%。

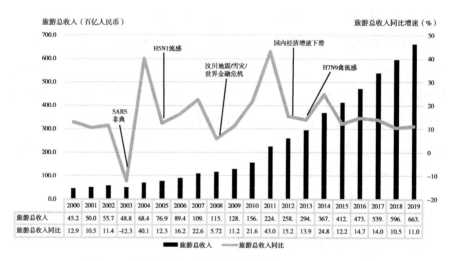

图 6-2 我国旅游业总收入统计与走势(2000—2019 年)

(二)率先提振旅游消费

后疫情时代,为刺激旅游消费,多地实行旅游业扶持政策,向民众发放消费券,推行周末 2.5 天弹性休假等,这些举措将在一定程度上缩短疫情后旅游消费的反弹时间,有利于增强旅游业的工程恢复力。

1. 出台支持政策。新冠肺炎疫情期间,国家以及各省市积极推动出台惠及旅游行业的扶持政策,主要涵盖财政支持、减税降费、金融支持等三个方面。财政支持包括以下方面,例如:财政部、税务总局联合发布《关于支持新型冠状病毒感染的肺炎疫情防控有关税收政策的公告》,提出受疫情影响较大的交通运输、餐饮、住宿、旅游(指旅行社及相关服务、游览景区管理两类服务提供者)等四大类困难行业企业,2020 年度发生的亏损,最长结转年限由 5 年延长至 8 年;文化和旅游部出台《关于用好

货币政策工具　做好中小微文化和旅游企业帮扶工作的通知》,提出用好用足国家支持中小微企业的货币政策工具,有效纾解中小微文化和旅游企业面临的资金困难。减税降费包括以下方面,例如:文化和旅游部出台《关于暂退部分旅游服务质量保证金支持旅行社应对经营困难的通知》,提出全国所有已依法交纳保证金、领取旅行社业务经营许可证的旅行社,暂退标准为现有交纳数额的80%;海南省出台《应对新型冠状病毒肺炎疫情支持海南旅游企业共渡难关六条措施》,提出从实施援企稳岗、延长办理社保业务期限、减免房屋租金、降低运营成本等六个方面出台具体措施,支持海南旅游企业积极应对疫情带来的生产经营困难。金融支持包括以下方面,例如:北京市出台《关于应对新冠肺炎影响　促进旅游业健康发展的若干措施》,提出暂退旅游服务质量保证金,用3.45亿元资金重点支持旅游企业应对疫情渡过难关;云南省出台《关于应对新冠肺炎疫情稳定经济运行22条措施的意见》,提出省内实行政府指导价的4A级以上景区,2020年门票价格一律优惠50%。

2. 发放旅游消费券。在做好常态化疫情防控的同时,全国各地陆续发放旅游消费券,刺激旅游市场、加快复苏、拉动消费,成效显著。2020年3月2日,山东济南开展惠民消费活动,面向景区、旅行社、演艺场所、书店等推出2000万元消费券,拉动文旅消费;同年3月12日,浙江省文旅厅表示将推出总价达10亿元的文旅消费券和1亿元的文旅消费大红包;乌鲁木齐市文化和旅游局从2020年4月18日起面向社会发放总计6万张旅游消费券,游客凭此券可在七家景区进行指定消费,有力推动旅游市场持续升温;湖南省文化和旅游厅从2020年8月开始至年底在全省开展"发放亿元消费券,促进文旅大消费"活动。消费券带动内需的功能已得到诸多领域的验证,旅游消费券对于提振经济的作用十分明显,随着理论和实践的经验积累,旅游消费券的效用将逐渐提升。

3. 周末2.5天弹性休假。2020年3月19日,江西省提出在2020年第二季度试行"周末2.5天"弹性作息,随后浙江、甘肃、江苏等省份相关城市也陆续发文,鼓励推行"周末 2.5 天"弹性作息政策。2015 年国务院办公厅印发的《关于进一步促进旅游投资和消费的若干意见》中最早提出建立 2.5 天休假制度,然而从近年来实施的情况来看,几乎很难在企事业单位得到很好落实。受新冠肺炎疫情影响,该政策被重新提出,旨在有效释放消费潜力,期望对旅游经济恢复产生正面影响。此政策的再次提出向公众释放了积极的信号,有助于增强民众恢复旅游消费的信心。另外,可以以此为契机,从有条件的单位和地区开始,真正将弹性休假制度落到实处。

三、旅游消费的生态恢复力

生态恢复力强调的是旅游业的功能稳定性与结构稳定性,在危机事件后达到新的平衡状态。我国拥有全世界规模最大的国内客源市场,与之对应的旅游生产力规模也十分庞大,这为保持旅游业功能稳定与结构稳定提供了基础,也为旅游业的创新发展提供了市场支撑。我国旅游市场的刚性需求巨大,这为疫情后旅游业的快速恢复提供了前提条件。

(一)客源市场规模庞大

我国拥有全世界规模最大的国内客源市场,也拥有庞大的旅游生产力规模,旅游已经成为我国居民实现美好生活需要的重要内容。因此,旅游消费的生态恢复力具有强大的基础支撑。虽然旅游是非基本需求,但在收入水平达到一定程度时,旅游成为刚性需求,即在非常时期旅游需求是被压抑而非消失,总的旅游需求应是不变的。在疫情完全结束、一切恢复常态后,原先被压抑的旅游需求终将被释放出来。首先,根据图 6-3 显示,我国近 10 年来国内旅游人次逐渐增加,在 2019 年已突破 60 亿人次,人均出游次数达到 4 次以上,人均出游消费达到 800 元。其次,据国家统计局发布的《2019 年国民经济和社会发展统计公报》显示,我国人均GDP 已达到 1.09 万美元,人均可自由支配收入提高,疫情后国内旅游市场的复苏步伐会更快。此外,我国已形成庞大的旅游生产力规模,当下旅游产品、旅游业态丰富,旅游营销方式与创意也层出不穷,有利于激发居民的旅游意愿。因此,疫情后旅游业拥有足够的韧性为市场提供旅游供给,可在短期内形成新的扩张局面。

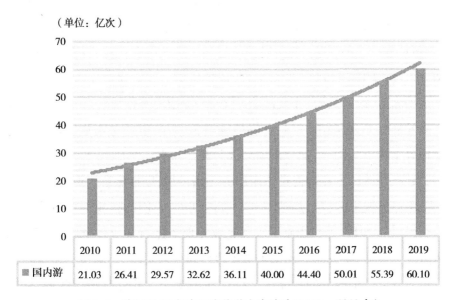

（单位：亿次）

	2010	2011	2012	2013	2014	2015	2016	2017	2018	2019
国内游	21.03	26.41	29.57	32.62	36.11	40.00	44.40	50.01	55.39	60.10

图 6-3　我国近 10 年来国内旅游人次统计（2010—2019 年）

（二）消费内容创新升级

旅游业作为服务型产业,一直以消费者的需求为导向,能够及时洞察、满足甚至创造旅游消费者需求,向市场供给大众需要的旅游产品与服务,具有极强的生态恢复力。疫情后,旅游消费者的观念发生改变,推动旅游产品创新和消费内容的升级,旅游消费将进入另一个功能、结构稳定的均衡状态。

1. 产品创新。科技赋能将成为助推旅游发展的重要引擎。疫情下,旅游行业被迫进入蛰伏期,线上服务、智慧旅游、数字旅游成为旅游企业转型的一大主要方向。截至 2020 年 2 月 20 日,国内已有至少 20 余个城市、1000 多家景区开通了线上游览服务,通过数字技术弥补了疫情期间的旅游产品空白。同时,疫情刺激了虚拟旅游产品的市场需求,以数字科技为核心的消费模式将带动在线旅游行业实现新一轮高速增长,或将促使更多科技研发力量和资金进入行业,降低成本,提升应用率,不失为行业发展的一个契机。

2. 模式创新。疫情推动产业模式创新,促进旅游市场"细分赛道"。实力强劲的旅游企业在疫情过后会积极采取行动,不断丰富产业链,避免"鸡蛋放在一个篮子里"的困局。通过利用产业融合优势,针对不同人群细分市场,实现"旅游+"多元融合,包括研学、亲子、康养旅游,体育及户外运动旅游、线上旅游、在线教育、"科技+旅游"等领域将成为未来旅游产品发展趋势,主题游、定制游将持续增长,旅游市场专业化、精细化、精准化分工将更为明显,细分市场会成为新的蓝海。

3. 服务升级。疫情促进旅游服务创新发展,助推旅游产业提质增效。一是服务从线下向线上加速发展。疫情期间,人们的在线消费习惯进一步获得培养,OTA 等在线旅游服务企业相比于旅行社等传统企业而言抗风险能力更强,服务能力和品牌美誉度将进一步提升,市场占有率也将进一步提升。二是服务的标准化、智能化程度提升。以华住酒店为例,疫情期间推出了包括自助入住、机器人送物、零秒退房、远程办理入住等在内的智能化无接触化服务。疫情冲击的危机时刻,只有能够有效管控成本、提高人员效率和组织效率的企业才能获得更强的竞争力。智能化服务正是旅游企业提质增效、节省成本的"对症药"。

四、旅游消费的适应性恢复力

适应性恢复力强调的是旅游业在受疫情影响后能够维持部分核心功能的能力,而不是全盘瘫痪。首先,此次疫情中的旅游部门和旅游企业,尤其是在线旅游企业,面对突如其来的退改潮,能够及时发布退改保障政策和退改流程,积极配合疫情防控,主动适应形势变化,及时作出反应,体现出较强的适应性恢复力。其次,疫情期间旅游行业也开始试水直播带货,企业 CEO、旅游达人化身主播,为旅游产品带货,体现出旅游消费极强的适应性恢复力。另外,各旅游目的地、景点景区通过线上限流,提出景区预约旅游的方式,既实现景区的高质量管理,又通过大数据联动其他产品消费,或将成为景区管理的常态化手段,体现出旅游景区极强的适应性恢复力。

(一)OTA 高效退改

受新冠肺炎疫情影响,大量的游客行程被取消或改变,旅行社、旅游交通、酒店退改需求激增。为帮助用户更高效地达成退改需求,OTA 开通线上退改通道,充分发挥了 OTA 线上退改订的核心功能,体现出极强的适应性恢复力。在新冠肺炎疫情的爆发与防控时期,我国旅游产业遭遇了旅游经济快速发展后最大规模、最大强度的"退订退款"潮。疫情防控重点区域内,酒店、门票、用车等订单,按统一规定可免费取消或改签。各 OTA 积极与经营企业协调,尽可能保障客户权益,据相关统计,携程、飞猪、去哪儿网、马蜂窝、中青旅遨游网、途牛等 OTA 平台均接到大量的旅游产品及相关服务退改签需求,经过逐轮升级免费退改签范围后,多家OTA 垫资都已达数亿元规模。同时,各 OTA 也及时出台退改保障措施和政策,如携程推出全球 140 万家酒店"安心取消保障"计划;马蜂窝发布多轮"平安春节"疫情保障机制,推出了全品类的线上退改通道,帮用户更高效地达成退改需求。除了游客端的退订工作外,资源端的旅行社、酒店、航空、铁路、旅游汽车运输、景区等各类旅游企业相互沟通、协调统一退改的协作过程,是一个全行业调动和通力协作保障的过程,整个旅游行业在重大事件面前所展现的集体信誉和执行能力获得了游客的认可。

(二)线上旅游直播

疫情影响下,旅游旺季就地蒸发,但旅游目的地、景点景区、酒店民宿等旅游业"不动产"不会消失,一直保持着核心功能,只要疫情得到控制便随时可以投入生产。在疫情期间,更是随着形势而改变营销方式、组合方式,加入全民直播热潮,带领人们"云旅游",具有极强的适应性恢复力。疫情催生的"宅经济"助推了直播商业模式的拓展,各种高折扣的预售类旅游产品通过直播渠道取得不俗的销售佳绩,从中让人看到了旅游业与直播生态融合与创新带来的新机遇。受疫情所迫,更多专职导游转战网上,行业 CEO、旅游企业员工、旅游达人等变身主播,带着网友"云看戏""云坐船""云听曲",有的还在直播间里推销景区、酒店、地方特产等相关旅游产品。据报道,携程、飞猪、马蜂窝等旅游在线平台均已推出"旅游直播"频道,争相奔向这个新"战场",旅游直播愈发火热。旅游直播成为扣紧线上与线下的枢纽。背后暗含的大趋势,是短视频和直播正逐渐成为一种基础设施,赋能实体经济。

(三)景区预约旅游

在疫情的影响下,旅游景区在危机中求变,主动采取预约旅游的手段,实现疫情后景区的有序管理,体现出极强的适应性恢复力。2020 年 4 月 13 日,文化和旅游部、国家卫生健康委联合印发《关于做好旅游景区疫情防控和安全有序开放工作的通知》,要求强化流量管理,严防人员聚集。旅游景区要建立完善预约制度,推行分时段游览预约,引导游客间隔入园、错峰旅游,严格限制现场领票、购票游客数量,做好游客信息登记工作。新冠肺炎疫情对于旅游业影响巨大,但是危中有机,最大的机遇就是预约旅游已成为景区管理方和游客的共识。预约旅游的实施将对行业产生积极和深远的影响。它能使景区有效控制客流量,从而推进景区治理能力的提升,大幅度提升景区游览质量和游客满意度,提升旅游公共服务设施的利用率。

第二节　疫情影响下旅游消费变化分析

一、旅游消费的市场需求变化

调查显示,疫情后被压抑的旅游消费需求将迎来释放,人们的出游意愿较为强烈,受访者纷纷表示想要通过出游的方式缓解压力、重振精神、调整状态,想要同家人朋友一起出游增加联系、沟通感情。然而,尽管人们的旅游需求旺盛,在旅游消费日趋日常化的大背景下,疫情后的旅游消费依然表现为成熟的理性消费。

(一)旅游消费的日常化需求

新冠肺炎疫情背景下,旅游消费作为生活必需性消费的趋势没有改变,旅游消费行为的合理化、日常化趋势不会改变。据调查结果显示,旅游已经成为大众生活方式的一种,是增加生活幸福感的重要途径之一。疫情后,人们的旅游需求依然强烈,出游意愿也比较明显,旅游消费行为也表现为日常化的理性消费。

1.旅游需求强烈。作为一个以体验为出发点和目的的行业,旅游消费是衡量人们生活幸福指数的重要指标。疫情后,人们出游的"心理包袱"虽然沉重,但大众旅游的积极性依然存在,对美好生活的向往也从未改变。据问卷调查显示,有超过66%的受访者认为旅游已经成为大众的一种生活方式,是维持日常生活幸福感的必需消费。如图6-4所示,有近75%的受访者在不同程度上赞同疫情后出游的必需性,认为疫情后出游能够舒缓近期的压力,平复心情,并且想要通过旅游的方式调整自身状态,重振精神,从而过渡到正常的生产生活中。

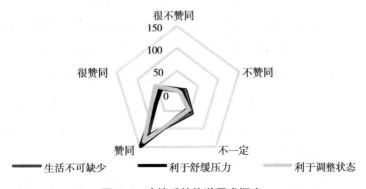

图6-4　疫情后的旅游需求调查

2. 出游意愿明显。随着中国社会经济发展和国民收入水平的提高,旅游消费不再是远离大众的特殊消费,而成为人们维持日常生活幸福感的必需品。据调查结果显示(见图6-5),在对疫情后的出游意愿调查中,有47%的受访者表示有明确的出游意愿,其中20%的人表示有很强烈的出游意愿,有近35%的受访者在居家防疫期间已在计划出游活动。另有38%的受访者出游意愿不明显,其中有15%的受访者明确表示没有出游想法。总体来看,疫情后人们的出游意愿比较明显。

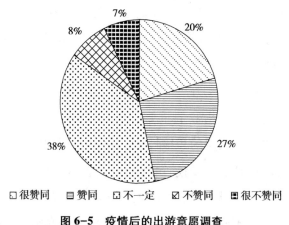

□很赞同 ▤赞同 ▨不一定 ▦不赞同 ▧很不赞同

图6-5 疫情后的出游意愿调查

3. 消费预算合理。旅游消费已经成为人们的日常消费,但大众已处于理性消费阶段,会理性判断旅游消费需求,在考虑支出的基础上再做决策,而不是以需求为核心的无预算消费,先做决策再考虑支出。据调查显示(见图6-6),有近35%的受访者表示疫情后自己的消费欲望有所增强,但在旅游预算的调查中,有45%的受访者表示自己不一定会增加旅游人均预算,有近25%的受访者明确表示不会增加旅游人均预算。总体而言,消费者在疫情后不会盲目增加旅游消费水平,旅游消费趋向于"量入为出"的理性消费。

4. 中短途旅游优先。据调查结果显示(见图6-7),疫情后人们的出游天数以2—7天为主,有近73%的受访者明确表示会考虑在2—7天内

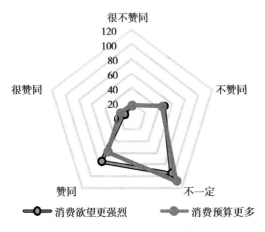

图 6-6　疫情后的旅游消费水平调查

往返,有近80%的受访者表示不会或不一定考虑当天往返,至于一周以上和一个月以上的长时间出游则很少有受访者表示明确赞同。总体而言,疫情后旅游者依然具有在外住宿的信心,出游天数与疫情后出游目的地选择相符合,以2—7天的中短途旅游为主流。

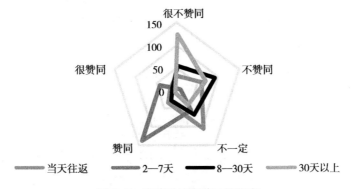

图 6-7　疫情后的出游天数调查

以上的研究表明,旅游作为大众的一种生活方式,是增加生活幸福感的重要途径之一。疫情后,人们出游的"心理包袱"虽然沉重,但大众旅游的积极性依然存在,对美好生活的向往也从未改变,出游意愿也比较明显,旅游消费预算也表现为先考虑支出再做决策的理性消费。疫情后,2—7天的出游天数依然是旅游者的主流选择,而不是倾向于时间较为紧张的当天往返。

二、旅游消费的补偿性动机

鼓励居家、减少外出的全民"宅"家抗疫,使得人们失去部分行动自由、断绝部分联系,根据补偿性消费理论和问卷调查的结果,这种能力需求、自主需求和归属需求的缺失,将在疫情后引发补偿性消费行为,即人们的旅游消费需求将在压抑后迎来释放与反弹,通过旅游消费行为来补偿疫情期间缺失的自尊感、控制感和归属感。

1. 出游补偿自尊感。自尊泛指个体对自己的评价与态度。人们总是希望维持良好的自尊水平,因此在自尊受到威胁时会通过各种方式保护受威胁的自尊水平。旅游经历在某种意义上可以提升自我形象,往往是补偿受损自尊状态的重要手段。据调查显示(见图6-8),突如其来的疫情打乱了正常的生活节奏,工作、学习、家庭各方面的琐事让人们一时间无所适从、压力倍增,有超过一半的人明确表示很羡慕疫情后的一场"说走就走的旅行",认为通过出游暂时转换生活场景,可以展现生活的不同方面,找回自我的平衡。

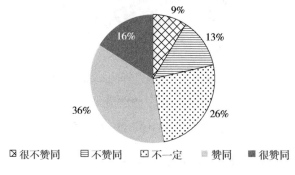

图6-8 疫情后的出游期望调查

2. 出游补偿控制感。作为基本需求之一,人们希望自己所处的环境是可控的,当这种控制需求因为外部原因不能实现时,便会激发补偿性消费行为。自由的缺失常常使人感觉对周围的环境没有控制感,不能随心所欲做自己喜欢的事情。基于这样的背景,人们在消费行为上可能表现出补偿性动机。据调查结果显示,有近43%的受访者表示突发的新冠肺炎疫情打乱了他们原本的出游计划(见图6-9),长时间的"宅"家抗疫让他们失去了对生活的部分自主控制权,有超过47%的受访者表示疫情后出游是补偿疫情期间"宅"家的好方式(见图6-10)。

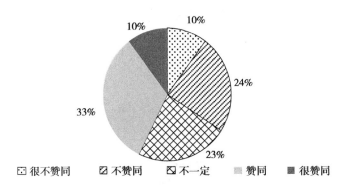

图6-9 疫情期间的原有出游计划调查

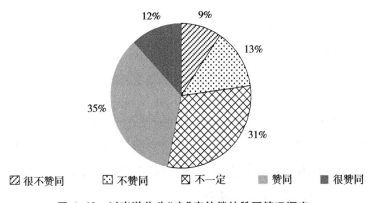

图6-10 以出游作为"宅"家补偿的赞同情况调查

3. 出游补偿归属感。作为社会性生物,人类拥有与他人建立联系、追求群体归属感的强烈内驱力。当这种归属需求得不到满足时,直接的应对方式是通过积极与他人接触以重新建立联系,或遵从群体规范以被认可,另外一种间接的应对方式则是通过其他非社会性目标重新建立归属感。据调查显示,有近55%的受访者表示疫情让人们失去了与社会的部分联系,成为了"社会孤岛",疫情后与他人建立联系、追求群体归属感的欲望十分强烈。如图6-11所示,有超过一半的人认为通过旅游可以恢复、增加与他人的联系,有超过70%的受访者明确表示,疫情后想要与家人、朋友一起出游,有近50%的受访者表示想要和同事、同学结伴出游,从而增加社会联系,增强彼此之间的感情。

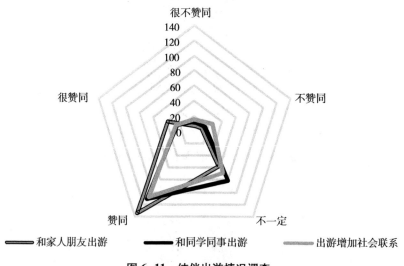

图6-11 结伴出游情况调查

以上研究表明,疫情后,人们的旅游消费需求将在压抑后迎来释放与反弹,通过旅游消费行为来补偿疫情期间缺失的自尊感、控制感和归属感。同时,旅游消费也受其他多种因素影响,比如对出游的风险性感知,补偿性消费不会无理性集中爆发。

三、旅游消费的风险感知变化

新冠肺炎疫情的易传染性、无症状感染者的隐患、境外疫情大爆发等现实问题,一方面给人们带来恐惧心理,造成"心理包袱",减弱人们的出游意愿,持续阻碍着旅游消费;另一方面也倒逼旅游消费观念发生转变,让人们更加注重旅游消费的健康、安全、卫生,促进旅游产品的创新和消费内容的升级。

(一)疫情负面影响持续

新冠肺炎疫情让人们对出游产生恐惧心理,持续阻碍着旅游消费,不仅影响人们的出游时间,还影响着旅游场所的选择。由于人们对疫情的担忧,多数人认为2020年7月份之后才会出游,出游时间总体来说滞后于疫情整体形势发展1个季度;在旅游场地选择方面,疫情促使人们避开人群聚集的场所,如歌舞剧院、文化科技场馆、艺术展厅等室内旅游场所,而优先选择户外较为空旷的旅游地。

1.恐惧心理难克服。疫情后,无症状感染者的隐患、境外国家疫情大爆发等现实因素依然给人们出游带来心理负担。据调查显示,新冠肺炎疫情对旅游消费具有持续负面影响,游客对新冠肺炎疫情的恐惧心理严重影响了他们的旅游消费决策,有近48%的受访者显示出对疫情后的出游考虑再三、犹豫不决的心理,有超过80%的人担心出游会增加疫情防控的负担和感染新冠肺炎的风险,而明确表示不担心的受访者仅占5%,同时有近81%的人担心出游计划被疫情相关的突发状况打乱(见图6-12)。

2.信息接收更谨慎。传统媒体、自媒体、营销平台等各渠道的旅游信息众多,旅游者在检索信息时,一方面会对内容不一致或发生改变的信息产生怀疑,另一方面还会为找不到自己所关心的真正需要的信息感到困扰。调查显示,在旅游业慢慢复苏的关键时期,旅游信息千变万化,有42%的受访者明确表示会对旅游信息的准确性产生怀疑。在OTA、自媒体、身边朋友等旅游信息渠道来源丰富多样的情况下,有超过一半的受访者依然明确表示会为没有及时有效的旅游信息获取渠道而感到困扰(见图6-13)。

3."小聚集、大空间"。人群聚集是造成新冠病毒大面积传播的重要原因,减少人员接触和人群聚集是防疫的重要措施。疫情后出游,人们会

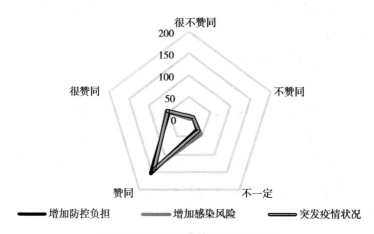

图6-12 旅游消费的风险感知调查

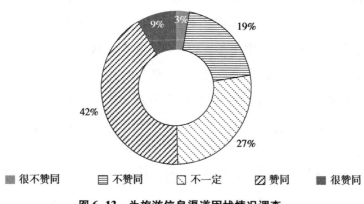

图6-13 为旅游信息渠道困扰情况调查

更加理性地避免人群聚集和人员接触,优先选择"小聚集、大空间"的户外旅游场所,倾向于生态较好、人员较少的自然旅游地。如图6-14和图6-15所示,有72%的受访者明确表示疫情后出游会有意避开人群聚集的场所,如网红景点、热门景区、知名旅游目的地等,78%的受访者明确表示会选择空间更大的户外生态旅游地,而明确表示不会选择的受访者仅占5%。

(二)倒逼消费观念转变

经过疫情的洗礼,人们更加注重生活质量,健康意识也明显增强。根

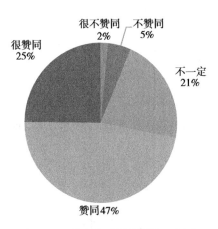

图 6-14　避开人群的赞同情况调查

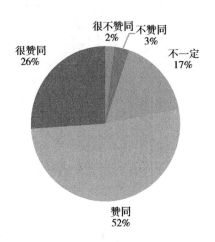

图 6-15　选择户外旅游地赞同情况调查

据调查结果显示,受疫情影响,人们在疫情后的旅游消费中更加追求健康、安全、卫生,偏好选择有益于健康理疗、强身健体的康养旅游、体育旅游和生态旅游项目,倾向于选择景区、酒店、旅行社等旅游产品的在线"无接触"自助服务。

1. 重视健康安全卫生。疫情后,旅游消费正从"价格敏感型"向"安全敏感型"转变,保障游客防疫安全成为旅游业恢复的重要环节。例如,国内旅游景区开始采取分流限流、预约旅游、智能引导等措施,进一步增强了旅游消费信心。根据调查结果显示,有高达90%的受访者表示疫情后出游会更加关注健康、安全与卫生。疫情后出游,游客更偏好选择聚集范围缩小、活动空间增大的旅游场所,并且会更加关注餐饮、住宿等病毒传播率较高的环节。有近85%的人表示疫情后出游,会更加注重饮食卫生,有近90%的人明确表示愿意多花一些钱入住消毒到位、卫生有保障的酒店(见图6-16)。

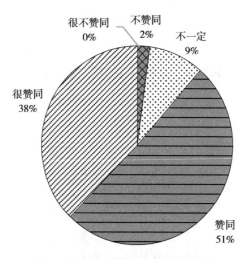

图6-16　选择更好经济的赞同情况调查

2. 偏好康养旅游项目。后疫情时代,消费者会更加注重生活质量,回归更为健康的生活方式。在选择旅游项目时,所在地的环境卫生、健康属性或将成为旅游者重点关注和权衡的因素之一,健康因素逐渐成为基础性消费意识。根据调查显示(图6-17),疫情后出游,有超过一半的受访者倾向于选择有利于健康疗养、强身健体的康养旅游和体育旅游项目,而明确表示不会选择的受访者仅占8%。总体而言,以文化、体育、健康为主题的旅游产品顺应了人们旅游消费观念的转变和对健康的追求,将成为旅游消费的主流。

3. 首选在线自助服务。此次疫情下宅家式的生活催生了新的消费习惯,更多的人从线下走向线上,整个社会进一步认识到数字经济、数字技

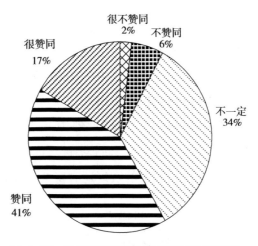

图 6-17　选择健康旅游项目的赞同情况调查

术的价值。疫情后,旅游者除了通过 OTA 平台获取常规的经营信息外,还可以准确地获取物资准备、人员管理、清洁消毒等防疫信息,从而快捷地作出旅游决策。据调查结果显示(见图 6-18),为避免与陌生人员接触,疫情后出游,有超过 65% 的受访者表示会优先选择旅行社、景区、酒店的在线服务,从而实现"闭环消费、自我服务"式的旅游消费方式,通过线上购买旅游产品已成为大趋势。

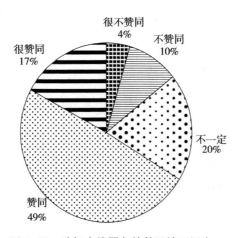

图 6-18　选择在线服务的赞同情况调查

4.短期出游先近后远。在国内疫情防控形势积极向好,境外疫情仍处爆发期的背景下,国内中短途旅游会率先迎来复苏,而出入境长线旅游仍将处于冰冻期。据调查显示(见图6-19),疫情后,90%以上的受访者更倾向于国内游,尤其是近郊游、省市内周边游和国内跨省市游意向最高,分别占比37%、32%和24%。由于"近郊游""周边游"时间短、风险低,将率先得以恢复。后续将以距离为主线,逐步向省市内的其他城市和国内的其他省市扩散,而出入境游的恢复还有待全球疫情的平息。

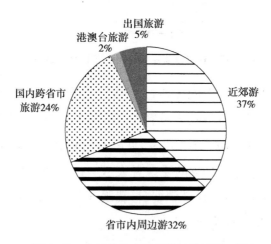

图6-19　疫情后的出游目的地选择情况调查

四、旅游消费的行为特征变化

在疫情影响下,人们的旅游消费观念、消费方式、消费内容都发生了一定变化,在"吃住行游购娱"的各个旅游消费环节,人们更追求安心、更倾向自助式的消费方式、更注重品质。"放心吃、安心住、健康行"成为人们出游持续关注的热点,露营自驾游、景区预约旅游正在成为新趋势,生态游览、休闲康养、文化演出等旅游业态迎来优化升级。

(一)旅游消费观念追求安心

疫情的爆发刺激了人们"安心"的需求,安全、卫生、清洁的防疫消费需求明显增加。客观上,消费者的健康意识和品质要求得到提升,旅游企业也需要以更加务实的态度来回应消费者,提供更加优质的旅游产品和服务,让游客安心出游、放心消费。调查显示,旅游者愿意投入更多的花费,选择卫生标准更高、环境更好的酒店或餐饮设施。"安心酒店""安心餐厅""安心航班"成为游客追捧的产品,反映了后疫情时期旅游者更加关注旅游产品的安全和卫生情况。在市场供给端,旅游企业应提前编制防疫工作方案,严格执行防疫工作要求,加强重点区域的人流管控。积极通过大数据、互联网等技术手段,切实降低旅游中的风险因素,满足游客对安全因素的要求。

（二）旅游消费方式转向自助

基于疫情期间人们养成的习惯,减少聚集成为重要的防控措施。因此,传统的团队游模式压力较大,自驾游、自由行和租车游成为市场关注热点。相比于跟团游,疫情后人们更加倾向于选择自主灵活安排的自由行,一方面是为了减少与陌生人员的接触,另一方面是想要获得旅途中的更多乐趣。自驾、骑行、房车营地等出游方式受到多数人的欢迎,短期内人们会有意避免乘坐人群聚集的公共交通工具。租车游因为私密、干净、自由等特征,被视为疫情后新流行的出行方式。据携程网发布的报告显示,2020年"五一"小长假期间的租车预定量是去年同期的70%。据调查结果显示,疫情后出游,有超过80%的受访者明确表示会优先选择自由行的出游方式（见图6-20）。有近60%的受访者明确表示,疫情后出游会尽量避免乘坐公共交通,选择自驾的交通方式（见图6-21）。

（三）旅游消费内容注重品质

疫情期间人们的生活节奏被打乱,一些计划被取消,面对疫情发展和对未来的担忧,多数人处于一种较为焦虑的氛围中。疫情后的出游,相比以前平常时期,不再仅仅是体验差异的追求,而更多是解放自我的需要,更加追求放松、安逸、健康等。据调查结果显示（见图6-22）,在疫情后计划出游的主要目的上,休闲娱乐排名第一,山水观光排名第二,随后占比

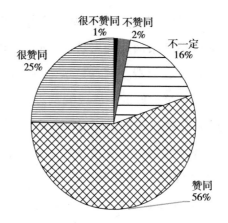

图 6-20　疫情后选择自由行出游方式调查

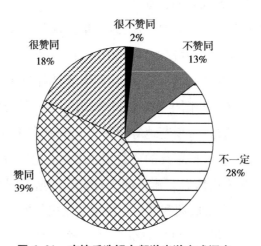

图 6-21　疫情后选择自驾游出游方式调查

靠前的分别是探亲访友、健康疗养、强身健体和度假。总体而言,疫情后出游,旅游者更倾向于放松休闲以及康养体育类的旅游活动。

　　康养旅游、体育旅游、生态旅游顺应了人们旅游观念的转变和对健康的追求。随着消费者对于品质提高的要求,融合主题娱乐、新潮消费和品质度假的 2—3 天的微度假产品和项目将更受市场欢迎,市场中相对成熟的开放式、户外自然景区将率先迎来客流高峰。疫情过后,康养旅游将迎来发展契机。经历本次疫情洗礼后,考虑到小长假、黄金周等旅游高峰期

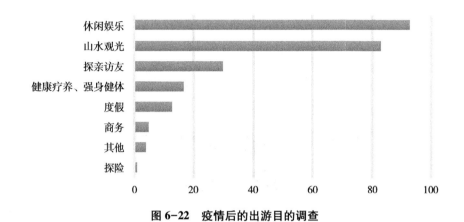

图6-22　疫情后的出游目的调查

的出游成本高、体验度低、旅游隐患高等问题,未来游客会有意选择错峰出游,从而真正促进中国"优质旅游时代"的到来。

第七章　后疫情时代旅游业振兴对策

旅游业易受危机事件的影响,但在危机事件后往往表现出较强的恢复能力。从经济韧性角度分析,新冠肺炎疫情后旅游业具有较好的复苏前景。虽然旅游业自身具有一定的恢复力,但是疫情后旅游业恢复振兴应及早启动,尽快让旅游系统恢复到正常状态。本章从目的地、旅游市场、接待业三个方面,分别阐述了后新冠时代旅游业的振兴对策。

第一节　旅游目的地振兴对策

一、以高质量发展为主线

(一)旅游高质量发展的背景

1. 新时代主要矛盾发生变化。在党的十九大报告中,习近平总书记明确提出"中国特色社会主义进入了新时代",这是我国发展新的历史方位。在这个新时代,随着"落后的社会生产"从总体上一去不复返,我国社会主要矛盾也发生了重大变化,即从过去"人民日益增长的物质文化需要同落后的社会生产之间的矛盾",转化为"人民日益增长的美好生活需要和不平衡不充分的发展之间的矛盾"。相应的,旅游业发展的主要矛盾也转变为"我国游客日益增长的美好生活的需要与旅游业自身不平衡不充分发展之间的矛盾",旅游业的发展已经由初期以追求经济效益为主转化为经济效益、社会效益、生态效益并重。旅游在促进区域经济发展的同时,在提高广大人民群众生活质量和幸福感,促进保护传承优秀文化和弘扬革命精神,推动乡村脱贫致富和振兴,带动环境保护和生态文明建设等方面,也在发挥着越来越大的作用。新时代中国特色社会主义建设过程中,旅游业的高质量发展肩负着更加重要的历史使命。

2. 旅游业长期发展存在困境。在新冠肺炎疫情之前,旅游行业已经表现出"宏观报喜、微观报忧"的现象。在旅游统计数据节节攀高的同时,旅游行业面临着种种发展困境。从旅游市场供给侧来看,传统观光旅游产品供给过多,而更高层次的如健康旅游、生态旅游、休闲度假等旅游产品则严重供给不足,由此带来了旅游体验的高密度、低质量,抑制了旅游高端消费的发展。从空间布局来看,全国旅游发展布局呈现着一定的"东强西弱"现象,东部地区交通体系较为发达、旅游发展起步较早,因而旅游业较西部地区发展状况更好。同时,城市及附近的旅游资源也比乡村旅游得到了更多的重视,乡村旅游在特色发展、基础设施、食宿服务等方面的质量还有待提升。

3. 新冠肺炎疫情带来战略调整期。在新冠肺炎疫情的冲击下,全国旅游业被按下了暂停键,这给异常火爆的旅游市场泼了冷水。一定时间内,旅游活动将会出现大幅度减少。一方面,出于对卫生条件的忧虑,会抑制旅游者的出游动机;另一方面,疫情造成人们的当期收入和预期收入下降,旅游可支配收入下降导致旅游活动减少。戴斌(2020)提到,我国旅游业正处于从高速度增长向高质量发展的结构化转型阶段,新冠肺炎疫情不仅揭示了旅游行业的固有短板和问题,也创造了创新突破的良好机遇。在疫情逐渐得到控制的背景下,旅游行业可根据时代背景、需求变化,对旅游供给侧作出改革调整,实现新时代旅游业的高质量发展。

(二)旅游高质量发展的内涵

1. 高质量发展的范畴。高质量发展的范畴具有系统性,体现在多个维度。高质量发展的目标是通过实现充分均衡发展,满足人民日益增长的美好生活需要。高质量发展的内容包括物质文明、政治文明、精神文明、社会文明、生态文明等得到全面提升。高质量发展,根本目的在于解决"好不好"的问题,这意味着高质量的供给、高质量的需求、高质量的配置、高质量的投入产出、高质量的收入分配和高质量的经济循环。

2. 旅游高质量发展的意义。旅游业已成为全球经济势头最强劲和规模最大的产业。因为具有资源消耗低、带动系数大、就业机会多、综合效益好等特征,越来越多的地区将发展旅游业作为带动经济增长的引擎,然而诸多现实困境亟待解决。一是"大而不强"问题。旅游业已成为国民经济的战略性支柱产业和现代服务业的龙头产业,然而旅游经济效率仍旧处在较低水平,与高质量发展标准和要求仍有较大差距。二是"快而不优"问题。过去 10 年,旅游经济保持年均 15%左右的高速增长。但是,旅游产业结构不合理、旅游经济增长方式粗放等问题依然突出。在"中国经济从高速增长转向高质量发展"的战略目标下,实现新时代旅游高质量发展,不仅关系到旅游业的健康持续发展,也关系到国家重大战略决策的实现。

3. 旅游高质量发展的含义。参考何建民(2018)对旅游高质量发展系统的界定,旅游高质量发展涉及发展方式转变、产业结构调整、增长动力转变、市场机制改革、创新能力培育等诸多要素。考虑经济高质量发展的要求,并结合旅游业的特征,旅游高质量发展的内涵包括以下几个方面:(1)从供给方面,要提高旅游产品的多样性以及旅游服务的水平;(2)从需求方面,要引导游客中高端旅游需求的释放;(3)从配置方面,要充分发挥市场对旅游资源配置的决定性作用,提高旅游资源的配置效率;(4)从投入产出方面,在注重旅游经济增速的同时,更加关注旅游经济质量的提升,提高旅游产业的劳动生产率;(5)从分配方面,要完善落实旅游从业者的收入分配,改变业内人员不合理的薪酬分配制度,促进各种要素按照市场价值参与分配;(6)从动力方面,要推动旅游业增长动力由粗放型的要素投入转向创新驱动。当前,政界和学界普遍认同疫情后的旅游业不是"恢复"而是"振兴",推动旅游业高质量发展依然是当前和未来一段时间的重要主线。

(三)旅游高质量发展的路径

疫后旅游业的振兴必须走高质量发展的路径。具体来说,一是要坚持旅游发展与本地居民的休闲游憩相结合,实现旅游服务既吸引外来游客,又刺激本地休闲消费,实现旅游休闲的主客共建共享,只有将本地居民的利益和外地游客的体验结合在一起进行考虑,才能保证旅游业的长期良性发展。二是抓住疫后国家"新基建"的机会,提升旅游目的地基础设施,新基建涵盖了基础交通设施、人工智能、大数据等领域,对于旅游行业提升基础服务设施、融合数字经济是一次很好的机遇。三是要深化文旅融合,同时深化旅游业与其他产业的融合发展,旅游目的地要主动融入国家各项文化工程,用好国家政策基金的支持,做好旅游业态融合创新工作。四是要做好旅游业的"引进来"和"走出去",在疫后旅游业发展中,要紧密贯彻国家"一带一路"倡议,旅游企业既要积极寻求国际合作,也要积极吸引外商企业入驻,加深行业内的国际交流。五是要提升旅游治理能力,在疫情中,旅游业遭受了较大的损失,应出台相应的金融优惠政策,推进旅游业有序复工,同时加强主管部门的专业指导工作,持续完善旅游安全和应急管理体系。

二、积极谋划旅游振兴对策

(一)加强政策扶持力度

1.多部门参与扶持政策制定。旅游业作为综合性突出、关联性强的特殊产业,在疫情期间不仅旅游业本身受到极大冲击,与旅游相互关联的上下游企业也遭到巨大损失。鉴于旅游业在国民经济中的重要地位,以及旅游业在疫后社会经济恢复中的特殊功能,不仅仅需要国务院在国家层面制定帮扶措施,也需要多部门参与共同制定相关扶持政策。通过以文化和旅游部门为主导,财政部门、税务部门、发改部门、交通部门、人社部门等都应该从行政领域出发,通过联合发布或单独推出的形式向社会公布旅游业扶持政策。在地方旅游业疫后恢复振兴中,鼓励成立多部门组成的工作领导小组,通过联合发布的方式向旅游企业及关联企业提供各项帮扶指导。

2. 丰富政策扶持的内容维度。2003年的"非典"疫情曾对我国旅游业造成严重影响,中央、各省市都从不同层面出台了旅游产业相关救助措施,但各项政策多从税收减免、行政事业费用减免等层面出发,从企业运营的成本方面做了政策扶持。当今旅游业的综合性愈发突出,这也对旅游振兴政策的维度覆盖提出了更高的要求。从供给侧来说,要在疫情常态化中推进旅游供给的逐渐复工复产,在成本削减方面出台税收优惠政策、社保优惠政策等,减免部分行政事业费用。在就业保障方面,出台培训补贴政策,提高旅游从业人员的综合素质。在目的地营销方面,通过引领当地开展整体旅游营销活动,从区域产业链的角度出发,出台要素互动的整体营销政策,出台旅游消费刺激政策,从而全方位地推动旅游业复兴。

3. 密切追踪政策实施效果。政策的出台最终应以落实为要,为避免政策成为"空头支票",还应联合审计部门建立政策落实情况和效果追踪工作机制。政策出台后,应建立政策信息系统记录政策出台的基础信息,包括出台时间、适用范围等,并设立时间节点进行效果回访追踪。对于某项具体的政策来说,可设立相应的实施效果评估指标体系,通过相关的旅游统计数据,对如旅游企业复工率、旅游企业税收恢复情况、旅游者人数等数据进行科学分析,以此来对政策落实力度、实施效果等进行量化评估,对效果显著的政策深化执行并进一步进行推广,对效果不显著的政策进行及时改进,确保政策的质量和执行效果的及时性,为旅游业的振兴保驾护航。

(二)明确政策帮扶重点

1.地域帮扶重点。在地域范围上,政策帮扶应重点关注疫情重灾区和旅游业依赖程度较高的地区。以疫情最为严重的湖北省为例,由于前期的封城举措,该地区的社会经济受影响最大,旅游业重启时间最晚,需要更多的时间和更有力的措施帮助该地重新恢复正常的旅游秩序。同时,游客出于安全感知的心理影响,对于前往湖北省旅游的消费信心也需要更大的刺激措施。对于旅游业依赖程度较高的地区,即使当地疫情并不严重,但是出于配合疫情防控工作的要求,旅游业损失巨大。这些地区往往产业结构较为单一,经济风险大,旅游业"一损俱损"。以旅游业依赖程度较高的云南省为例,因为新冠肺炎疫情发生在春节、寒假,与云南传统旅游旺季"三期叠加",给云南旅游业带来的损失难以估量。

2.企业帮扶重点。在企业类型上,政策帮扶重点应向救助中小企业的方向倾斜。旅游领域中小企业众多,据调查,不少旅游企业的现金流仅能支撑三个月。也有不少旅游企业资产负债率偏高,财务风险很大,疫情中现金流断裂风险使中小旅游企业面临巨大的生存危机。同时,从社会稳定的角度考虑,作为劳动密集型产业,中小旅游企业吸纳了众多的就业人数,一旦企业无法继续运营,将造成大量失业,引发更多的社会经济问题。目前,文化和旅游部已经出台政策,决定暂时返还80%的旅行社质量保证金,各相关部门也相继出台了一系列的财税政策、金融政策、社保政策等,帮助企业缓解资金压力。对中小企业的帮扶重点应以救助为主,从企业经营的各个环节入手,出台有利于削减企业成本、增加企业旅游收入的各项政策,帮助企业"活下去"。同时,出台商业优惠政策,引导中小企业进行整合经营和优势互补,出台产业营销优惠政策,引导行业内的自救行为。另外,也要根据不同旅游企业的经营结构,对各政策细节进行细分和落实。例如,对负债比例较高的企业提供信贷利率优惠政策,对人力成本较高的企业提供社保优惠政策,对有能力组织、输送客源的旅游企业实施以奖代补的政策等,以达到更好的救助效果。

3.项目帮扶重点。在项目内容上,政策帮扶重点应向优质旅游项目、国家战略重点项目和旅游公共服务项目等方向倾斜。疫情后的旅游业恢复振兴期,同样是旅游项目建设的调整期。近年来,我国大众旅游蓬勃发展,各地区的旅游投资热情高力度大。马波(2011)曾提到,我国旅游经济领域存在"潮涌现象",政府应当加强旅游投资项目管理,避免"一哄而上"的情况。在后疫情时代的旅游扶持政策中,通过旅游项目投资拉动是必不可少的举措,需要提前谋划,通过政策设计引导旅游投资。一是重点投资优质旅游项目,扭转地方政府对于"大手笔"项目和"高端"项目的盲目追求,鼓励加强旅游投资项目的经济效益、社会效益、环境效益和文化效益分析,重点支持优质旅游项目建设。二是重点投资国家战略项目,积极对接国家"一带一路""乡村振兴""生态保护"等战略,重点向国家公园、旅游企业"走出去"、旅游扶贫项目等方面倾斜。三是重点投资旅游公共服务项目,除了提高旅游业公共卫生水平之外,还要通过紧抓"新基建"等国家战略,借助科技手段提高旅游公共服务设施的服务效率,为旅游业共建共享做好基础保障。

三、重塑旅游目的地形象

(一)营造健康安全的旅游目的地形象

受新冠肺炎疫情影响,全球旅游业受到严重冲击,卫生安全和医疗健康成为人们持续关注的热点,大众的生活观念和生活态度也在疫情之后发生改变,这种改变也直接导致消费者消费观念的巨大变化,旅游供给有必要随着消费需求的转变而改变。旅游业发展亟须一场新健康变革,树立新的健康观,构建健康的生活方式。对旅游者、企业、政府来说,营造一个健康安全的旅游业目的地形象也变得尤为重要。

从政策发展趋势看,国务院办公厅发布的《"健康中国"2030规划纲要》提出健康服务供给总体不足与需求不断增长之间的矛盾依然突出。"健康中国"战略是党中央作出的一项重要战略安排,疫情让大众更加明确了"健康中国"战略的必要性和重要性,"健康中国"战略的提出对旅游业发展提出新的要求。后疫情时代,营造健康安全的旅游形象是支撑旅游目的地快速恢复的重要手段,也是恢复旅游消费信心的重要保障。此外,旅游业也将成为引领、践行和传播健康安全观念和健康生活方式的重要表率,成为"健康中国"战略的重要支撑和先行领域。

(二)开展专项旅游目的地形象推广活动

疫情过后,为了促进旅游消费的恢复和增长,需要精心梳理、整合旅游目的地的资源、资金、力量,形成层次分明、结构清晰的"目的地体系"以及与之匹配的"新形象、新品牌、新产品",在此基础上合力开展针对性的旅游目的地形象推广活动,参与国内外客源市场的竞争。

在旅游目的地形象推广活动上,主要有四个方面的内容:一是要按照"健康化、休闲化、特色化、大众化"的思路,使旅游与生命健康相互赋能,着力推介与健康、养生相关的"生态+旅游"项目或"生态之旅"等创新线路。二是结合不同季节特点,针对不同客源群体,分阶段开展四季主题营销活动,实施精准客源营销,以多元化、多业态的形式激活目的地经济,促进旅游消费的恢复和增长。三是全面构建旅游新媒体宣传矩阵,挖掘搜集与目的地旅游相关的新闻线索,精心策划,深度整合,以资讯、专题、推荐等形式推出形式多样、丰富多彩的新闻报道。开展线上、线下的宣传活动,举办微电影和短视频大赛等方式,进一步提升旅游目的地影响力。四是根据旅游目的地拓展境外客源市场需要,加大与境外重点旅游企业合作力度,通过建立旅游海外推广中心,开展丰富多彩的宣传推广活动,持续扩大境外影响力,促进入境旅游市场发展,不断扩大并增强旅游目的地的影响力。

(三)重塑旅游目的地独特的品牌形象

随着旅游产业转型升级和游客活动的频率、深度不断增加,大众对旅游的需求呈多样化发展趋势,越来越多的游客追求自主化、个性化、深度化的旅游体验,旅游消费呈现个性化与多样化、休闲化与体验化、品质化与中高端化等特征。如果旅游目的地缺少资源整合和文化创意,在开发过程中只注重眼前利益,为旅游开发而开发,在开发过程中缺乏保护独特地域文化的意识,将会使旅游目的地形象偏离其本来面貌,丧失独特性和竞争力。当前,旅游目的地形象同质化现象严重,缺乏鲜明的吸引游客的品牌形象,不能适应需求侧多元化、个性化的消费升级趋势,从而也无法获得更大的市场份额。

每个地区都拥有独特的资源和地域文化,这无疑是进行旅游开发的资源库。后疫情时代,旅游目的地将迎来新一轮竞争,若想精准把握本区域资源特性和文化差异,根据旅游区域的差异性和游客心理诉求找准定位,用全新的思维和视野整合现有的多种资源,亟须重塑旅游形象及其定位。此外,对于已经被大众熟知的旅游目的地形象,可以选择合适的品牌要素组合,不断提升目的地品牌资产价值,通过目的地品牌要素设计、目的地品牌传播、目的地品牌监测等营销方式,强化目的地定位所确立的自我形象,从而为疫后振兴刺激旅游消费、提振旅游经济提供有力支撑。

四、丰富旅游供给体系

(一)从"旅游+"到"+旅游"

从"旅游+"到"+旅游"是从被动到主动的转变过程,旅游业需要通过"旅游+"和"+旅游"的模式,释放旅游企业产能,推进跨界融合发展。"旅游+"体现的是旅游业主动寻求与其他产业的融合发展,通过"旅游+"可以形成多产业的资源整合,形成融合发展结构。如"+农业"的乡村旅游、"+城镇"的特色旅游小镇、"+教育"的研学旅游、"+体育"的运动度假综合体等。"+旅游"体现的是其他行业主动寻求与旅游的合作,实现产业的提升、重塑与再造。2020年各行各业都受到了新冠肺炎疫情的严重冲击,跨界融合成为降低疫情损失的新路径,产业融合成为恢复生产生活,实现高质量发展的突破口。旅游产业具有高关联性和强带动性的特征,可以带动多个行业互惠互利、融合发展。通过相关政策支持,鼓励其他产业主动与旅游业进行衔接,可充分发挥旅游产业的带动作用,打破各自为政的状态。例如,通过"健康+旅游""体育+旅游""文化+旅游"的跨界融合,衍生出医疗康养、健康运动、文化体验等新业态、新模式。

(二)从"高密低质"到"低密高质"

旅游是一个空间流动性和人员聚集性产业,无论是新冠病毒的传播还是其他病毒的传播,密集的人群聚集都是造成传播的主要因素。因此,疫情过后"小聚集、大空间","闭环消费、自我服务"将成为游客外出旅游的新需求,大众更加向往和青睐旅游人次低密度,旅游体验高品质的"小团体""定制化""私享型"旅游产品和项目。新冠肺炎疫情爆发后,未来旅游业发展将呈现出低密度与高质量发展的新常态。

低密度旅游主要体现在出行人员的数量和心理承受能力两个方面,实现低密度旅游可通过三种方式:一是景区限流,通过景区限流控制游客数量,在时间上实行分段游览,提高接待规模;二是全域引流,实现全域皆景点、处处皆景点,在空间上实现景区有效分流;三是淡季分流,整合优化淡季旅游产品,加强宣传造势,引导游客错峰出行。高质量旅游是以游客需求为导向,为游客提供高品质的旅游体验。实现高质量发展可以通过五种方式:一是促进相关产业与旅游消费的有机融合,加大旅游与相关产业和领域的融合发展力度,实现产业优势互补;二是提升旅游产品质量,优化旅游产品结构,扩大优质旅游产品供给;三是提升旅游要素质量,重点提升"吃、住、行、游、购、娱"六大要素品质,不断提高旅游的舒适度;四是提升旅游环境质量,不断优化旅游市场环境和消费环境,持续提高旅游满意度;五是提升旅游管理水平,加强市场监管,完善旅游行政管理制度,为旅游业高质量发展提供指导、监管和保障。

(三)从"远程低频"到"近程高频"

后疫情时期,受时间、距离、金钱、心理等多种因素的综合影响,过去的"长距离、低频次"的旅游行为模式将会发生改变。以出境旅游为例,由于国外疫情的大爆发,长距离海外旅游的全面恢复仍需要较长时间,各种阻碍因素解除尚无定期。在一定时期内,人们外出旅游的风险与旅游的时间和距离关系密切。同时,疫情对人们的可自由支配收入及休闲时间也造成了一定压缩,旅游方式将会由"远程低频"向"近程高频"转变。在旅游目的地选择方面,周边游和乡村游将成为热点。在旅游出行方式方面,自驾游和家庭游将成为主流。2020 年 9 月,中国旅游研究院发布的《中国国内旅游发展报告》显示,2020 年端午小长假期间,近郊游成为游客首选,游客平均出游半径和目的地游憩平均半径较小。后疫情时期,城市周边的乡村游将成为最快恢复的旅游目的地,短时间内需要重点考虑短距离自驾游旅游目的地和高铁游目的地的振兴问题。

第二节　旅游市场振兴对策

一、正视旅游市场格局变化

(一)疫情防控常态化下的旅游发展

2020 年 3 月 27 日,习近平总书记主持召开中共中央政治局会议,强调要在疫情防控常态化条件下加快恢复生产生活秩序,探索建立起一套行之有效的促进消费增长的长期机制,真正把被抑制、被冻结的消费释放出来。

旅游消费是多层次、多样化的消费,也是满足百姓美好生活的必需品。旅游市场虽然具有敏感性特征,但同时也具有恢复速度快、提振信心强的作用。在我国疫情防控常态化的背景下,加快推动旅游市场振兴发展,不仅是扩大内需、促进消费的重要选择,也是贯彻中央"六保"方针的具体举措。疫情常态化发展格局下,"预约制、分餐制、一米线"等提倡的旅游消费安全意识进一步增强,城市游、自驾游、近郊游、休闲游、康养游等各类细分市场蓬勃兴起,以文化创意元素驱动开发成为旅游市场的重要变化。可以看出,旅游市场在疫情常态化影响下出现了一些新的变化。

（二）双循环格局对旅游市场的影响

2020 年 5 月 23 日，习近平总书记在参加全国政协十三届三次会议经济界委员的联组会的讲话中提出，面向未来，要把满足国内需求作为发展的出发点和落脚点，加快构建完整的内需体系，逐步形成以国内大循环为主体、国内国际双循环相互促进的新发展格局，培育新形势下我国参与国际合作和竞争新优势。

在疫情的冲击下，国内需求的重要性进一步凸显，三大旅游市场——国内旅游、入境旅游和出境旅游发展战略面临调整。全球疫情仍在快速蔓延，疫情在对全球经济产生冲击的同时，也带来国际关系的深层次变化，因此，入境旅游市场需要更长时间才能恢复，我国旅游业将在较长一段时间内依赖国内市场。这既是挑战，也给旅游业发展带来一定机遇。例如，可以将出境旅游需求转化为国内旅游，从而进一步刺激国内旅游市场。我国幅员辽阔、旅游资源丰富、地域差异性大，发展国内旅游具有良好的基础条件。目前，我国已经成为全世界疫情控制最好的国家，国内旅游完全可以恢复繁荣。所以，我国旅游业发展应立足国内大循环，利用各种产业政策，包括增加土地供给、加大财政金融支持等手段，在利好政策引导下，让市场发挥作用，吸引更多旅游投资，释放国内旅游潜在市场需求，让更多人参与国内旅游。同时，我国旅游业也应积极练好内功，进一步优化国际旅游产品和服务水平，不断提升我国旅游业的国际竞争力。在全球疫情得到控制之后，加快统筹国内和国际两个市场、两种资源，构建国内国际双循环相互促进的旅游发展新格局。

（三）疫情加速旅游和互联网的融合

新冠肺炎疫情发生前，互联网已经和旅游业开始融合，融合的主要形式表现为大量 OTA 企业出现。但是，如何将互联网作为技术手段，带动旅游业供给侧的智慧化升级，业界并未达到一定深度。疫情期间，人们被迫"宅"在家中，互联网不仅仅进一步巩固了年轻人的线上消费习惯，也带动 70 后甚至 60 后培养了新消费习惯。经过此阶段，移动互联网的消费群体进一步扩大,旅游业与互联网的融合优势进一步显现。未来,随着国家对数字经济的重视,加上 5G 技术、人工智能、大数据等更加成熟,互联网将继续改变人们的生活方式。在国家层面,也对"旅游+互联网"作出新的部署,例如,文化和旅游部频频发文支持数字文旅发展。疫情后期,旅游政策的制定务必考虑互联网融合的大趋势,借助互联网技术,在产品供给、服务优化、市场监管等方面带来新思路。

二、有效提振旅游消费市场

旅游消费振兴是国民消费信心提振的重要反映,对疫后经济振兴具有重要意义。针对疫后公众出游意愿降低,信心不足,由于工作收入减少、相关支出增加而造成的可支配收入减少等情况,可分别从提振旅游消费者的信心、能力和意愿三方面制定相关措施。

(一)提振旅游消费信心

旅游者的安全感知与环境因素、设施设备及从业人员的安全管理、旅游者安全意识与行为等密切相关。在发生重大灾害及灾后恢复提振阶段,有关灾情、救援部署、灾后重建等方面的完整、及时、准确的信息沟通,对提升游客的安全感知进而激发其旅游需求尤为重要。所以,政府和企业应加强信息共享与沟通机制建设,保障沟通的及时有效与信息的共享共用,不仅满足旅游消费者对旅游地安全感知的信息需求,还能更好地展示、宣传旅游地的产品特色或城市意象,增强旅游消费者信心。

消费者出于对公共卫生安全条件的考虑,其旅游行为将在疫后一段时间内被抑制,政府可从保障出行、鼓励出行两个角度出台政策措施,让大众树立安全出行观念。在保障公众出行安全方面,政府可从公共设施消毒、公共卫生检查督促、食品安全检测、突发应急事件应对等方面制定相应措施,从根源上确保安全。在鼓励公众出行方面,各地可推出"户外健步走""城市自由行"等大型户外公益活动,鼓励公众克服疫后恐惧心理,走出家门,拥抱自然,从而达到树立旅游信心、恢复旅游需求的目的。

（二）提振旅游消费能力

提振旅游消费能力,可以从需求和供给两方面同时发力,给予旅游消费者和旅游企业一定的政策优惠。在需求方面,为缓解后疫情时代旅游预算压缩的问题,政府或企业可直接通过免票、降价、补贴等多种方式直接刺激旅游消费。一是出台免票政策。例如,对于抗疫期间作出无私奉献的医护人员给予免票待遇,这不仅是对抗疫英雄的一种回馈,也能带动相关收入增加,树立良好的形象。二是采取降价政策。例如,旅游住宿企业可通过降价预售或者促销的方式,以"积极自救"的方式缓解经营压力。三是推出补贴政策。例如,全国各地推出"旅游券"政策,不仅可以振奋业界对旅游市场的信心,也激发了游客的热情。在供给方面,各地应充分利用各部门的优惠支持政策,将"普惠性"和"差别化"政策有机结合起来,帮助旅游企业渡过难关、快速恢复。旅游企业也应积极布局、提前研发,推出系列健康游、休闲游、研学游等旅游产品,与疫后旅游需求紧密对接,进一步释放旅游消费潜力。

（三）提振旅游消费意愿

充足的闲暇时间是提振旅游消费意愿的重要保障。后疫情时代,也为对国家休假制度进行反思、调整提供了良机。集中式的节假日休假制度虽然对于刺激旅游消费具有巨大价值,但是集中出游、扎堆集聚的负面问题受疫情影响被进一步放大。部分省市虽然再次鼓励实施"周末 2.5天"休假制度,但是调查显示,目前能执行"周末 2.5 天"弹性作息的单位,多是工作相对稳定、时间固定的部分政府机关、事业单位和某些国有企业,而对于政府部门的窗口服务单位、基层单位及私营企业,落实这一政策的难度较大,在具体落实中存在很多障碍。但是,带薪休假制度不仅确保了员工的休假权利,还在一定程度上缓解了假日旅游消费过于集聚的风险。落实带薪休假制度,是未来我国扩大旅游消费、拉动内需、促进经济增长的重要手段。

三、积极对接旅游需求变化

旅游市场的振兴对策,需要调整思路,积极对接疫后旅游市场需求的新变化。本部分从消费偏好、消费方式、消费观念三个方面分别展开论述。

(一)旅游消费偏好发生变化

疫情后期,舒适、健康和卫生正在成为消费者更优先考虑的问题,旅游消费偏好也迎来了新的变化。其中,三大领域、五大类别将成为疫后旅游市场振兴的先行区。三大领域为近郊乡村旅游、山水生态旅游、城市休闲旅游。五大类别为康养游、生态游、微度假、亲子游、夜休闲。值得关注的是,短途旅游将成为疫后旅游市场热点。在恐惧心理未能完全消除的背景下,旅游者会优先考虑路程近、时间短的近郊游、乡村游。在产品类型方面,自然风光类、休闲度假类旅游产品将成为最受游客青睐的旅游产品,旅游消费者密集程度较大的主题公园反而选择较少。

伴随着我国人口老龄化程度越来越高,亚健康人群不断扩大等问题,加上国家全力推进"健康中国"建设,人们的健康意识会不断加强。新冠肺炎疫情进一步提高了人们对健康的追求,旅游市场也不例外,疫情后健康旅游市场将迎来大爆发。大健康旅游是在安全卫生条件下,以有利于健康的自然生态环境、人文环境、文化环境为基础,围绕满足旅游者身心健康需求而开展的旅游活动。大健康旅游不仅关注游客的身心健康,也关注环境健康以及环境对人体身心健康的影响。因此,应深入挖掘大健康旅游资源,推出健康养生旅游产品和线路,提升旅游过程中的康养价值。

(二)旅游消费方式的变化

疫情期间,为了有效防控疫情,响应国家决策及号召,人们进行了数月的居家隔离、居家办公、居家娱乐。依托互联网技术,"线上化"在人们的生活、工作、学习中实现了更深层次的渗透。同时,疫情期间互联网也带给旅游业更全面、更深刻的革命,以云看展、云赏花、云逛街、云娱乐等方式的"云旅游"方兴未艾。随着移动互联网时代的到来,后疫情时代推动旅游市场恢复振兴,务必需要研究互联网对旅游消费方式的改变,在旅游预订、旅游营销、旅游服务、旅游体验等环节,要注重旅游业与互联网的深度融合。

另一方面,旅游消费的出行方式也发生重大变化。根据调查研究显示,疫情后 71.78% 的游客表示会选择自由出行,19.02% 的游客选择半自由行(由旅行社代订交通工具、酒店、门票等),只有 9.20% 的游客选择"跟团游"。中国旅游研究院、携程旅游大数据联合实验室联合发布的《国人疫情后旅游意愿调查报告》显示,自驾游成首选的境内旅游方式。以"自驾游"为代表的自由行将成为重要的旅游消费方式,业界和政府需要针对出行方式的变化,保障旅游公共服务并提供优质旅游产品。

(三)旅游消费理念的变化

通过此次疫情凸显了我国旅游发展方式上存在的不足,原有的主要依靠要素投入、投资拉动、规模扩张的速度增长模式,受到越来越明显的制约。在旅游业竞争日益激烈的时代,同质化、无特色的传统旅游产品无法满足个性化的旅游需求,也无法为旅游企业在激烈市场竞争中创造独特的竞争优势。受疫情影响,人们的消费观念有一定的升级,从以往片面追求走马观花粗放式的旅游转为更看重高品质的体验。根据携程发布的《2020 年"五一"旅游消费新趋势大数据报告》显示,2020 年 5 月份,高端产品占自由行订单总量的 70% 以上,小规模、高品质的"私家团"成为热门。因此,未来旅游市场开发不仅仅要关注大众旅游需求,也要树立精品意识,积极对接旅游消费观念的提升与优化。

四、加强旅游市场营销推广

(一)科学制定营销策略

疫后旅游市场的营销推广,需要突出"科学化",充分考虑市场的变化和新需求。旅游市场营销应循序渐进。由于全国各地旅游复工复产时间不一、程度不同,旅游市场营销不可"一哄而上""全面铺开",应根据国家对于疫情防控的需要以及旅游目的地开放的程度进行。例如,国家对于跨省团队游开放有严格要求,旅游市场营销需要与疫情防控要求相结合。对于疫后的重要节假日,在疫情防控条件允许的前提下,旅游企业可适时推出营销措施,并切实做好宣传引导、安全监管、秩序管理等保障工作。

要注重区分旅游市场营销的对象,针对不同的目标客源市场制定精准的策略。目前,全球新冠肺炎疫情还没有得到全面控制,入境旅游和出境旅游恢复还需要相当长的一段时间。未来的旅游发展需要更加重视国内旅游发展,旅游影响范围也可重点考虑国内旅游市场。因此,营销策略应该从最有效果的市场展开,先激发周边市场、省内市场,再寻求省外市场,最后随着全球疫情的控制,再进一步开拓海外旅游市场。

(二)创新旅游营销方式

线上线下融合互动,创新旅游营销方式。相关数据显示,国内90%的旅游消费者通过网络和手机客户端进行相关数据搜索,50%以上的旅游消费者通过在线及手机客户端预订旅游产品。疫情进一步推动了移动互联网的发展,线上搜索信息、在线预定产品的旅游消费模式继续得到强化。针对这一特征,旅游企业应借助大数据、人工智能、云平台等技术,利用门户网站、微博、微信等平台做好线上营销。线下营销的重要性也不能被忽视,企业需要在线下创造更为优质的体验场景,提高对游客的吸引力,通过构建"线上+线下"融合的营销模式,增强企业的市场竞争力。

积极探索新技术,布局旅游营销新渠道。疫情期间,"场经济"和"接触经济"受到了限制,依赖于场景式体验与消费的旅游行业遭遇打击。然而危机催生了"宅经济"和"非接触经济"。旅游营销通过与直播、短视频等新技术融合,催生出一些新的营销模式。例如,"直播旅游+在线销售"的方式不仅可以传播旅游企业形象,还可以缩短消费者的购买路径与决策周期。

(三)探索旅游精准营销

利用科技赋能,整合旅游产品。旅游数据是旅游精准营销的基石,科技进步让旅游数据收集、分析和利用更加方便、高效。在大数据背景下,旅游消费者在旅游活动过程中往往会利用智能设备与旅游产生交互,如旅游电商平台购后评价、社交媒体、游记类网站的内容分享,网站交易数据等。凭借消费行为数据及评价,运用大数据分析,可以准确地把握旅游消费者多样化、多层次的消费需求。进而通过整合资源和旅游产品改进与创新,提供具有针对性、适应性、灵活性的产品和服务供给。

采取个性推送,实现精准营销。首先,充分利用网络数据建立旅游消费者档案,通过档案来掌握旅游消费者的特征信息,如旅游产品喜爱类别、消费倾向、购买时间、购买频度等。其次,借助旅游消费者档案进行市场细分,达到对旅游消费者的科学识别。市场细分是目标市场定位、实施精准营销策略的基础。随着旅游消费者旅游需求和消费心理的日趋复杂化,"精准性"的市场细分变得尤为重要。如针对"50后享受幸福、60后注重养生、70后追求品质、80后关注家庭、90后向往自由、00后崇尚个性"的不同诉求,推送不同的旅游产品信息,可以实现分众营销、有效供给。

第三节　旅游接待业振兴对策

一、调整旅游经营模式

(一)加强跨界融合

在疫情期间,由于营业时间、客流量的减少,传统景区资金受限,单体发展将不再适应新型社会需求。后疫情时代,旅游景区平台融合属性将越发凸显,融合功能将越来越强,需要引入更多的不同行业资源以寻求跨界合作和多维发展。旅游景区作为实际客流量的入口,具有先天的到场优势。以景区为平台开展对外合作和流量输出,从"旅游"到"旅游+",实现景区、各联动行业、消费者三方共赢的局面。传统的旅游景区由于其产品单一、利润率低、抗风险能力差,投资回报期长,转型升级与联动合作已是其发展的必然趋势,旅游需求的加速转变将使这一趋势更早实现。旅游接待企业需要依托已经成熟的企业平台,将新业务的培育和发展作为新的投资热点。一方面,深化企业合作,行业内的平台更具有专业优势,加强与行业内的高知名度平台合作,如途牛、携程、飞猪等线上平台,进行整合营销,通过生产内容和传播形式的创新,实现行业内的互惠互利、共享共赢。另一方面,深化产业融合,在"旅游+"的产业融合新时代,景区可以与医疗、教育、健康、运动、金融等多个产业融合创新,实现跨界合作,创造新的旅游消费产品、构建新的旅游消费场景,推动旅游经营模式的转变。

(二)优化成本结构

在疫情时期,无论是传统的景区、餐馆、酒店,还是在线旅游服务平台企业、旅游综合体、特色民宿等,都在一段时期的零收入经营中面临着严峻的成本压力。对于旅游接待企业而言,高服务依赖度意味着更高的人力成本,而人力成本的超负荷运转在特殊时期带来的打击是致命的,后疫情时代的酒店业需要进一步考虑优化成本结构以提升抗风险能力。旅游接待企业与外部的合作将成为降低成本、分担风险、互惠互利的重要策略,可以通过线上线下一体办公、服务外包、共享员工等形式降低运营成本和人力成本,提高企业运营和服务效率。共享员工模式作为共享经济和零工经济的结合体,有效弥补了旅游接待企业传统用工模式的不足。共享员工突破固定工作时间和空间要素的限制,打破组织边界,在应对企业短期突发性或者季节性等峰谷用工需求波动方面非常有效,可以在一定程度上解决企业在特殊时期劳动力资源供需失衡和用工需求极化问题。

（三）拓展营销渠道

疫情期间线上平台、线上渠道的重要性进一步凸显,旅游接待企业需要综合考虑线上和线下的营销能力。企业品牌自主拥有的、可自由控制的、可多次利用的、免费的私域流量将成为新时代竞争的重要资源。因此,一方面,旅游接待企业需要通过数字化工具,实现渠道商和品牌商的会员共享和价值共创,将设计、生产、宣传、销售、物流整个供应链进行数据化整合,自主布局小领域网络,通过强化情感纽带,实现与客户的长期联系。如采取社群销售、直播销售等方式,在这一过程中逐步实现流量的私域化落盘,建立私域数据资产,并以此为基础在营销过程中不断优化,如不同领域的投放流量配比、流量的存续增值等,最终实现效益的量化价值。另一方面,旅游接待企业需要大力与第三方平台加强合作,大平台本身已经有了大量的客户载体,可以帮助企业减少布局流量的成本,如与直播平台、物流平台、外卖平台等的合作,企业的线下运营也需要进行转型升级,通过门店吸引更多的真实到店客流,强化门店无接触的"互联网+"服务,使门店成为深度服务和场景体验的中心,形成线上线下一体的数字化门店。

（四）融入数字科技

一直以来,数字化技术对企业的创新起着重要的推动作用,在后疫情时代,数字科技将再起一波浪潮,数字化"赋能"企业,以更好地制定运营管理决策,并提高运营效率。首先,充分利用各种数字科技,拓宽资源获取渠道,提升资源利用效率,减少旅游接待企业和游客之间信息不对称,有助于企业及时发现新的市场需求并做好供给准备。其次,利用数字科技手段增进旅游接待企业和旅游消费者的主客关系,可以通过大型关系数据库技术、网络技术、分布式处理技术等改变旅游接待企业和旅游消费者二者在传统上的对立局面,通过数字技术手段,形成健康、持续、和谐的交互,共同创造价值。最后,借助技术手段和数字经济着力刺激旅游需求并精准带动消费,将消费者的潜在需求转化为真实需求,同时实现质量的有效控制,提供更为便捷、高效、可信的互动渠道。

二、引导旅游产品创新

(一)优化旅游产品体系

后疫情时代旅游接待业的发展需要跟紧消费者需求,挖掘新内容,进行综合性的资源开发,不断丰富旅游接待产品供给,延伸旅游接待产业价值链。在旅游产品方面也需要进行多元化、丰富化、主题化的体系创新,多维度的旅游产品可以保持旅游接待企业的吸引力、刺激重游率,实现景区长期的发展活力。借鉴市场学中的整体产品概念,从旅游接待业的供给和需求内容入手,旅游接待产品可以分为三个圈层:核心产品、辅助产品和延伸产品。产品体系的创新需要从优化产品体系开始,首先,核心产品是旅游接待产品中的发展基础,更是核心竞争力的体现,因此需要进一步提升核心产品的品质,强化核心产品的独特性和差异性;其次,辅助产品可以体现旅游接待产品的丰富度和多样性,是对核心产品的进一步提升,在辅助产品设计时,需要从主题吸引力出发,如后疫情时代健康旅游、文化旅游、家庭旅游需求的兴起,为辅助产品的发展提供了方向;最后,延伸产品是为核心产品和辅助产品提供补充的其他产品,它既影响着旅游消费者的满意度,又能满足消费者的安全、品质等综合性需求。

(二)科技赋能旅游产品

在后疫情时代的旅游发展中,将科技贯穿到旅游前、中、后的旅游全过程,增强旅游产品的多样性。时代的进步和科技的更迭使旅游产品的技术创新成为可能,科技将新元素引入,大大丰富了旅游产品,促进了旅游产品的升级和新产品的推出。如在疫情期间全国1000多家景区都开启了线上游览服务,广泛利用5G、AR、VR技术发展景区虚拟游、云旅游。科技通过创新内容生产,推出景区虚拟体验、实景直播、图文导览、文物博览、用户生产等新型产品,打破旅游消费的时间空间局限,丰富了旅游产品形态。此外,科技通过营造场景的体验性,创造旅游消费者于场景的情感交互点。游客存在着对娱乐情绪的需求,而旅游接待企业可为游客提供传递欢乐情绪的场所,场景交互在旅游活动中拥有不可替代的作用。虚拟现实、增强现实、三维实境、多通道交互技术等现代科技的发展,为游客的场景化体验提供了更多的技术支持,对于存在于历史中或想象中的文化故事,通过科技元素可以实现场景再现,使游客在场景化的体验情景中,从被动式接受转变成为主动式的参与体验。

(三)丰富产品文化内涵

在后疫情时代,疫情会激发消费者对产品的重新认知,旅游者更加重视产品的内涵,企业的产品研发需要向精细化、多元化方向转变,减少产品的同质化,人文关怀与产品文化内涵将是产品脱离物质本身之外的延伸价值,消费者和产品文化的精神契合与价值交互更是维系消费者与产品和品牌关系的强力纽带,企业需要更加关注消费者的情感要素,通过产品设计传递精神价值,在产品创新和质量提升中构建有影响力的品牌。旅游接待企业在产品创新时,需要从传统文化要素中深入挖掘文化旅游价值,对其进行改造与包装,配合现代人们的文化偏好及审美需求,为旅游接待产品注入新的创造力和生命力。此外,产品的文化内涵还需要在特定的旅游活动和环境氛围所营造的情景中被旅游消费者感知,在特定的空间中,旅游消费者将自身经历和记忆与场景进行交互,形成沉浸体验,对文化产品和文化场景中所表征的文化内涵形成肯定性情感和同一化心理,进一步实现个体文化身份的建构,在这个交互的过程中,旅游消费者将获得超出于产品本身的价值,从而使整个旅游活动的质量得到提升。

(四)塑造旅游产品品牌

当前的旅游产品中存在大量的同质化产品和快餐式的网红产品,产品的打造并非是依据地区的特色资源和本土精神,而是直接借鉴成功的营销经营模式,以求获取短期的利润,但这种盈利在很大程度上是以牺牲消费者耐心为代价而完成的,并不利于旅游接待企业的可持续发展。对于旅游消费者而言,产品的品牌是可以被信任的,品牌的最终价值体现在游客对品牌的情感体验中。对于企业而言,品牌的价值依赖于品牌的意义而存在,空有口号没有实际内容的品牌并不具有持续力。因此,一方面,旅游接待企业需要培养对品牌元素进行抽象和再加工的能力,将独特的自然、文化元素注入产品,摆脱市场上大量重复的、同质的产品局限,通过创新突破,立足于产品差异形成自我品牌,创造独特的品牌形象;另一方面,旅游接待企业需要做好品牌的长期维护与经营,根据市场反馈进行品牌内容的调整与发展,不断在原有产品中加入新的元素,打破固有模式,在面对品牌危机时,及时采取主动措施,修复并提升旅游消费者对品牌的信任。

三、优化旅游服务方式

(一)预约旅游

传统的预约旅游是指旅游者将个人旅途行程、酒店预约等早做安排,提前数月安排旅行计划,从而享受优惠价格,避免旺季旅游产品供给紧张、价格虚高。受此次新冠肺炎疫情影响,预约旅游再次兴起。全国各地景区纷纷实行"门票预约、分时游览"举措,引导游客间隔入园、错峰旅游,变被动的现场分流为主动的行前计划和引导,避免由于游客出行时间集中造成的排队等候时间延长、旅游体验度下降等问题。这一特殊时期的预约旅游旨在错开人流高峰、尽量避免接触、提升出行体验,达到在疫情防控常态化背景下旅游业正常运作与发展的目的。预约旅游实现了景区产品科学供给、游客有效分流、旅游体验提升的目的,"预约旅游"方式不只是应急之策,更契合未来智慧旅游发展趋势。游客也正在习惯采取提前规划、预约出行,利用闲暇自由时间出游的旅游方式,避开旅游高峰期。

(二)无接触旅游

旅游过程涉及大量人群的聚集和接触,增加了旅游者疫情期间出行的心理负担。为了减少聚集,无接触旅游这一特殊形式的旅游逐渐兴起。无接触旅游是"无人经济"在旅游业的拓展与进化。面对疫情的冲击,旅游企业采取措施积极应对,将无人经济的场景扩展到旅游业。

在旅游住宿方面,无接触旅游的服务方式涉及入住退房、客房送餐等。游客在完成提前预定后,可凭借人脸识别、身份验证等方式实现自助办理入住和退房,避免与前台服务人员或其他客人的接触。在旅游游览方面,无接触旅游的服务方式体现在智能购票、检票和导览等。通过小程序、二维码等技术,游客可以方便地实现线上订票和快速入园,景区推出的语音讲解、智能导览等功能也减少了与导游或讲解员的接触机会。在旅游交通方面,无接触旅游的服务方式包括营地旅游、自助租车等。可以预见的是,以房车露营为代表的私密性、小规模旅游产品将成为市场热点。同时,为满足自驾游旅客租车的需求,各大平台也可推出提前预约、自助取车、便捷还车的服务。

(三)"云旅游"

"云旅游"是指在互联网日益兴盛、"云计算"技术迅速发展背景下,形成的一种"线上+线下""虚拟+现实"融合,将旅游全过程资源、服务进行整合,利用互动运营平台等智慧旅游工具,为互联网用户提供随时随地旅游全资讯的一种旅游数字化发展形式。

"云旅游"的出现,是新计划、新消费需求和疫情应对共同的产物,积极推进"云旅游"有助于旅游业态创新和旅游服务优化。疫情之下的"云旅游"具有以下特点:一是云端传播的公益性,例如故宫博物院开展的"云游故宫",让人们居家也能享受到历史文化的熏陶;二是参与主体的多元化,旅游目的地政府、旅游企业、旅游平台等都可以是供给主体;三是客体的暂时局限性,疫情之下的云游对象主要以博物馆、美术馆、科技馆等文化旅游景区为主;四是供给形式的多样性,在 VR、AR、3D、5G、无人机等技术支持下,"云旅游"借助新媒体通过图文、全景、短视频、直播等多种方式呈现,且以直播最为火热。随着技术的进一步成熟,"云旅游"

发展前景广阔,将会成为旅游产业升级的新动能。

(四)旅游保险

旅游保险是对个人旅游者在度假过程中的各类意外所做的承保,此类意外风险包括人身意外、医疗费用、行李和个人物品损失,以及因不可抗力(如怀孕、疾病、死亡、战争、法院传讯等)造成的旅程缩短等。

在新冠肺炎疫情的背景下,为进一步放宽旅游者心态,刺激旅游者出行欲望,旅行社、景区等纷纷推出旅游保险服务,或与保险公司合作,针对新冠肺炎设计了旅游医疗保险。新冠肺炎旅游保险主要面向境外游旅客提供旅行途中的意外承保,此类旅游保险包括行程取消保险和旅游医疗保险两类。行程取消保险承保旅行者由于特定原因不得不取消旅行造成的预付旅行费用损失,还包括对旅途中由于行程中断、紧急事故、行李丢失等项目的赔偿;旅游医疗保险承保国外旅游的短期医疗费用及其他相关赔付费用,而专为新冠肺炎设立的旅游医疗保险还可提供医疗必须检测项目费用、境外紧急医疗费用、新冠肺炎治疗费用及紧急医疗运送等费用。还有保险公司提供了更加人性化的险种,根据出游者日程的长短和旅游目的推出了探亲险种、交流访学险种、移民险种和团体医疗险种,并特别针对新冠肺炎开通了绿色服务通道,简化了理赔手续。

在消费理念和消费方式逐步升级的基础上,国民风险预警意识逐步加强。新冠肺炎旅游保险的推出为旅行者降低了风险,进一步刺激了出行欲望,带动旅游业和保险业的融合发展。

四、提高企业管理水平

(一)强化旅游危机管理

2003年世界旅游组织发布的《旅游业危机管理指南》,针对危机之前、危机期间和危机过后提供行动建议。世界旅游组织的危机管理指南可以归纳为危机前准备、危机中反应和危机后恢复三个阶段,被广泛运用于旅游企业和旅游目的地的危机管理之中。21世纪以来,全球范围内危机事件呈频繁化、常态化发展趋势。例如,2001 年的"9.11"事件、2003 年的"非典"、2008 年的国际金融危机、2020 年的新冠肺炎疫情等对社会经济造成严重影响。因此,旅游企业应加强危机管理意识,通过危机管理减少损失,对于其可持续健康发展具有战略意义。

在旅游企业的危机管理过程中,可根据危机发展演变的时间过程分为危机前兆阶段、危机紧急阶段和危机解决阶段。在危机前兆阶段中,旅游企业应未雨绸缪,成立企业危机管理领导机构,建立企业危机预警系统、危机应对处理系统和管理制度,培养和强化企业管理人员与员工的危机意识,做好危机预防准备;在危机紧急阶段中,企业要与媒体、公众建立高效良好的信息沟通系统,及时获取信息,紧跟市场动向,规避风险抓住机遇,迅速作出决策,以适应世界和本国社会经济发展的新变化、新趋势,加快旅游产品结构调整;最后,在危机解决阶段,管理层要及时评价企业应对危机的计划、决策,建立完善的危机学习机制,从每一次危机事件处理中汲取经验,不断完善危机管理机制。

(二)加强旅游信息化管理

新冠病毒具有极为明显的人传人特点,重要的防范措施就是切断传播途径,限制人与人之间的近距离接触。对于劳动密集型企业来说,这无疑增加了传染风险和防控难度。旅游企业是典型的劳动密集型企业,具有从业人员多、与顾客接触机会大等特点,群体性疫情爆发的风险更大。因此,无论是旅游企业的内部管理,还是旅游企业的对外服务,提升信息化管理水平是企业复工复产的重要基础。

智慧旅游建设虽然早已开展,但对于国内大多数旅游企业来说,仍然停留在信息化初级阶段。部分企业认为信息化建设是"面子工程",持续性投入不足。新冠肺炎疫情为旅游企业的信息化提供了应用场景,旅游企业复工时间较晚,为了减少人群聚集,防止交叉感染,不少企业选择"远程办公"。也有一些企业通过举行讲座、论坛、培训,不断加强从业者的业务水平,为旅游业全面复兴做好人力资源准备。在对外服务方面,旅游企业应注重信息化硬软件的投入。例如,旅游景区不仅要配备智能闸机、体温检测、人脸识别等硬件设备,也需要使用门票预约系统、智能导览系统、停车管理系统等软件加强管理。

(三)重视旅游人力资本

根据世界旅游业理事会(WTTC)的报告预测,受疫情影响全球有7500万个旅游业工作岗位面临威胁。其中,亚太地区受到的影响最为严重,4900万旅游从业者可能失业。旅游业作为劳动密集型产业,在疫情期间旅游直接就业和间接就业面临较大冲击,旅游从业的吸引力也受到负面影响。但是,旅游业作为直接对客服务的行业,"人"的因素扮演不可取代的作用,疫情后恢复期必将面临较大的人力资本缺口。疫情的爆发,恰好为数字经济、智能化发展带来契机,也为旅游企业的人力资本改革带来机会。一是短期内要稳定就业,充分利用政府的就业补贴等政策,为旅游业的发展蓄力储能。二是长期内要优化结构,利用"新技术""新模式"减少无效的人力资本投入,注重高素质、高水平旅游管理和旅游服务人才的培养,为旅游业高质量发展夯实基础。

参考文献

一、中文著作

1. 安辉、付蓉:《影响旅游者主观风险认知的因素及对旅游危机管理的启示》,《浙江学刊》2005 年第 1 期。

2. 蔡淑华、唐静:《震后北川县旅游业恢复发展竞争分析》,《中国商贸》2010 年第 1 期。

3. 蔡维菁、韩旸:《旅游业危机管理指南》(一),《饭店现代化》2003 年第 3 期。

4. 蔡维菁、韩旸:《旅游业危机管理指南》(三),《饭店现代化》2003 年第 5 期。

5. 曹灿明:《金融危机对城市居民旅游行为影响实证分析——以江苏省为例》,《华东经济管理》2010 年第 3 期。

6. 曹国新:《基于产业特性的旅游业危机管理责任及形成途径》,《现代经济探讨》2009 年第 9 期。

7. 陈剑、黄朔、刘运辉:《从赋能到使能——数字化环境下的企业运营管理》,《管理世界》2020 年第 2 期。

8. 陈劼绮、张海洲、陆林、张宏梅、徐雨晨:《旅游宣传片的说服效应——基于危机情境的纵向跟踪实验研究》,《旅游学刊》2020 年第 4 期。

9. 陈荣、梁昌勇、陆文星、董骏峰、葛立新:《面向旅游突发事件的客流量混合预测方法研究》,《中国管理科学》2017 年第 5 期。

10. 陈伍香:《新冠肺炎疫情防控常态化条件下发展大健康旅游产业的认识》,《社会科学家》2020 年第 1 期。

11. 陈娅玲、杨新军:《旅游社会——生态系统及其恢复力研究》,《干旱区资源与环境》2011 年第 11 期。

12. 陈岩英、谢朝武、张凌云、黄倩:《旅游危机中线上媒体声量信号对潜在旅游者安全沟通行为的影响机制》,《南开管理评论》2020 年第 1 期。

13. 陈悦、陈超美、刘则渊、胡志刚、王贤文:《CiteSpace 知识图谱的方法论功能》,《科学学研究》2015 年第 2 期。

14. 成观雄、喻晓玲:《突发事件对边疆地区入境旅游的影响——以新疆"7.5"事件为例》,《经济地理》2015 年第 5 期。

15. 崔凤军:《新冠肺炎疫情对文旅产业的冲击与对策——兼论文旅产业的敏感性与脆弱性》,《台州学院学报》2020 年第 1 期。

16. 戴斌:《高质量发展是旅游业振兴的主基调》,《人民论坛》2020 年第 22 期。

17. 戴斌:《新冠疫情对旅游业的影响与应对方略》,《人民论坛·学术前沿》2020 年第 6 期。

18. 戴光全、保继刚:《昆明世博会效应的定量估算:本底趋势线模型》,《地理科学》2007 年第 3 期。

19. 党红艳:《重大疫情中旅游危机的演化机理及应对策略》,《宏观经济管理》2020 年第 5 期。

20. 邓冰、吴必虎、蔡利平:《国内外旅游业危机管理研究综述》,《旅游科学》2004 年第 1 期。

21. 樊博、聂爽:《应急管理中的"脆弱性"与"抗逆力":从隐喻到功能实现》,《公共管理学报》2017 年第 4 期。

22. 樊信友、张玉蓉:《传统旅游景区升级的驱动模式及路径选择》,《经济问题探索》2012 年第 7 期。

23. 冯珺、宋瑞:《新冠肺炎疫情对我国旅游业的影响:评估与建议》,《财经智库》2020 年第 2 期。

24. 冯毅:《社会安全突发事件概念的界定》,《法制与社会》2010 年第 25 期。

25. 付业勤、郑向敏、郑文标、陈雪钧、雷春:《旅游危机事件网络舆情的监测预警指标体系研究》,《情报杂志》2014 年第 8 期。

26. 傅才武:《论文化和旅游融合的内在逻辑》,《武汉大学学报》(哲学社会科学版)2020 年第 2 期。

27. 傅勇林:《疫情防控常态化前提下我国旅游业的振兴与发展》,《中国政协》2020 年第 9 期。

28. 高静:《旅游目的地形象、定位及品牌化:概念辨析与关系模型》,《旅游学刊》2009 年第 2 期。

29. 葛磊:《"低密度+高质量"成为旅游新常态》,《中国城市报》2020 年 5 月 18 日。

30. 葛怡、史培军、徐伟、刘婧、钱瑜、陈磊:《恢复力研究的新进展与评述》,《灾害学》2010 年第 3 期。

31. 勾佳:《突发性自然灾害对目的地旅游业的影响研究》,硕士学位论文,重庆师范大学,2012 年。

32. 郭研实:《国家公务员应对突发事件能力》,中国社会科学出版社 2005 年版。

33. 何诚颖、闻岳春、常雅丽、耿晓旭:《新冠病毒肺炎疫情对中国经济影响的测度分析》,《数量经济技术经济研究》2020 年第 5 期。

34. 何继新、荆小莹:《韧性治理:从公共物品脆弱性风险纾解到治理模式的创新》,《经济与管理评论》2018 年第 1 期。

35. 何建民:《新时代我国旅游业高质量发展系统与战略研究》,《旅游学刊》2018 年第 10 期。

36. 何江、闫淑敏、关娇:《共享员工到底是什么? ——源起、内涵、框架与趋势》,《商业研究》2020 年第 6 期。

37. 侯国林:《旅游危机:类型、影响机制与管理模型》,《南开管理评论》2005 年第 1 期。

38. 蒋峰:《实现海外客源多元化——福建旅游业应对亚洲金融危机影响的策略》,《国际贸易》1998 年第 7 期。

39. 金太军、赵军锋:《风险社会的治理之道——重大突发公共事件的政府治理》,《决策》2020 年 Z1 期。

40. 鞠文风:《关于金融危机对去年中国旅游业影响情况的专题调查报告》,《旅游调研》1999 年第 11 期。

41. 雷平、施祖麟:《我国入境旅游人次月度指数预测模型比较研究》,《旅游学刊》2008 年第 3 期。

42. 李峰:《基于 Logit 模型的影响旅游者风险感知的要素判别研究——以四川"5. 12"地震为例》,《旅游论坛》2008 年第 3 期。

43. 李锋、孙根年:《基于旅游本底线法(TBLM)的旅游危机事件研究——以 2003 年"SARS"事件为例》,《人文地理》2006 年第 4 期。

44. 李锋:《基于 PCA 的旅游危机计划管理中职责重要性排序研究——以四川"5·12"大地震为例》,《软科学》2009 年第 11 期。

45. 李锋:《基于本底线的不同性质旅游危机事件影响比对研究——以中国 4 次旅游危机事件为例》,《旅游学刊》2009 年第 4 期。

46. 李贺:《海南预约旅游的现状分析及对策研究》,《旅游纵览(下半月)》2013 年第 11 期。

47. 李九全、李开宇、张艳芳:《旅游危机事件与旅游业危机管理》,《人文地理》2003 年第 6 期。

48. 李军、保继刚:《旅游经济脆弱性特点与产业联系——基于张家界旅游经济的实证研究》,《旅游学刊》2011 年第 6 期。

49. 李柳颖、武佳藤:《新冠肺炎疫情对居民消费行为的影响及形成机制分析》,《消费经济》2020 年第 3 期。

50. 李敏、张捷、罗浩、董雪旺、上官筱燕、蔡永寿:《基于旅游动机的旅游业灾后恢复重建研究——以"5·12"汶川地震后的九寨沟为例》,《旅游学刊》2012 年第 1 期。

51. 李琼:《灾后游客让渡价值对旅游景点认知度的影响研究——以汶川地震后都江堰景区为例》,《西南民族大学学报》(人文社会科学版) 2011 年第 8 期。

52. 李树民、温秀:《论我国旅游业突发性危机预警机制建构》,《西北大学学报》(哲学社会科学版) 2004 年第 5 期。

53. 李悦:《严重自然灾难后游客风险认知研究——以汶川地震灾后恢复营销为例》,《理论与改革》2010 年第 2 期。

54. 李政:《印度洋海啸对泰国旅游业的影响》,《东南亚纵横》2005 年第 3 期。

55. 李志飞、张晨晨:《场景旅游:一种新的旅游消费形态》,《旅游学刊》2020 年第 3 期。

56. 李中建、罗芳、孙根年:《"3.01"暴恐事件对昆明入境旅游的影响》,《资源开发与市场》2018 年第 10 期。

57. 林红梅:《论旅游企业危机管理》,《企业经济》2006 年第 8 期。

58. 刘安长:《"新冠"疫情对我国的经济冲击及财政的对冲政策——"非典"疫情下的对比分析》,《兰州学刊》2020 年第 4 期。

59. 刘春玲、郑艳侠:《旅游危机对旅行社行业的影响及应对策略研究——以"非典"事件为例》,《商场现代化》2007 年第 4 期。

60. 刘丽、陆林、陈浩:《基于目的地形象理论的旅游危机管理——以中国四川地震为例》,《旅游学刊》2009 年第 10 期。

61. 刘莉、杨扬:《基于贸易结构的跨境服务贸易抗危机性研究》,《商业研究》2012 年第 2 期。

62. 刘睿、李星明:《四川旅游震后响应的实证研究》,《旅游学刊》2009 年第 11 期。

63. 刘书葵:《浅谈我国旅行社危机管理的几个误区》,《经济问题》2007 年第 6 期。

64. 刘妍、程庆、钟洁:《震后来川游客旅游动机及心理感知度分析》,《四川师范大学学报》(社会科学版)2010 年第 3 期。

65. 刘妍、李晓琴:《基于游客感知的震后四川旅游资源吸引力及满意度评价》,《经济地理》2010 年第 7 期。

66. 刘玉雁、刘冲:《从"非常态管理"到"常态化治理":社会安全事件治理范式的革新》,《山东警察学院学报》2016 年第 6 期。

67. 鲁婷、王俊:《恢复力研究的新进展》,《地下水》2013 年第 1 期。

68. 栾惠德:《外部冲击与旅游业的发展:以"非典"为例》,《统计与信息论坛》2009 年第 1 期。

69. 吕宛青、窦志萍、张冬、汪熠杰:《新冠肺炎疫情对区域旅游发展影响及恢复发展应对策略研究——以云南省为例》,《旅游研究》2020 年第 3 期。

70. 吕雅辉、张润清:《"云旅游"的特点与发展趋势》,《中国旅游报》2020 年 7 月 13 日。

71. 马爱萍:《后 SARS 旅行社产品与营销调整问题》,《旅游科学》2004 年第 1 期。

72. 马波:《中国旅游业"潮涌现象"的预警与预防》,《旅游学刊》2011 年第 1 期。

73. 马丽君、孙根年、马耀峰、王洁洁、舒静静:《极端天气气候事件对旅游业的影响——以 2008 年雪灾为例》,《资源科学》2010 年第 1 期。

74. 马丽君、孙根年、王宏丹、麻学锋、王洁洁:《汶川地震对四川及周边省区旅游业的影响》,《中国人口·资源与环境》2010 年第 3 期。

75. 马丽君、孙根年:《30 年来危机事件对中国旅游业发展的影响及比较》,《经济地理》2009 年第 6 期。

76. 马天、谢彦君:《旅游体验的社会建构:一个系统论的分析》,《旅游学刊》2015 年第 8 期。

77. 明庆忠、赵建平:《新冠肺炎疫情对旅游业的影响及应对策略》,《学术探索》2020 年第 3 期。

78. 年四锋、张捷、张宏磊、章锦河、张卉:《基于危机响应的旅游地社区参与研究——以汶川地震后大九寨环线区域为例》,《地理科学进展》2019 年第 8 期。

79. 秦建成:《危机事件对旅游业的影响及其对策研究——以新疆入境旅游为例》,硕士学位论文,新疆师范大学,2011 年。

80. 秦启文:《突发事件的管理与应对》,新华出版社 2004 年版。

81. 阮文奇、李勇泉:《自然灾害型危机事件对客源地旅游需求的影响及空间差异——九寨沟地震后的时空异质性分析》,《经济地理》2018 年第 8 期。

82. 阮文奇、张舒宁、李勇泉:《自然灾害事件下景区风险管理:危机信息流扩散与旅游流响应》,《南开管理评论》2020 年第 2 期。

83. 邵琪伟:《中国旅游大辞典》,上海辞书出版社 2012 年版。

84. 申军波、徐彤、陆明明、翟燕霞:《疫情冲击下旅游业应对策略与后疫情时期发展趋势》,《宏观经济管理》2020 年第 8 期。

85. 沈苏彦:《四川省旅游市场灾后恢复模式研究——基于尖点突变模型的分析》,《西南民族大学学报》(人文社会科学版)2012 年第 2 期。

86. 石奎:《旅游危机管理的信息沟通机制构建》,《广西民族大学学报》(哲学社会科学版)2007 年第 2 期。

87. 石培华、陆明明:《疫情常态化防控与旅游业健康保障能力建设研究——新冠肺炎疫情对旅游业影响与对策研究的健康新视角与新变革》,《新疆师范大学学报》(哲学社会科学版)2020 年第 6 期。

88. 世界旅游组织:《旅游业危机管理指南》,付磊译,《旅游调研》

2003 年第 6 期。

89. 苏杭：《经济韧性问题研究进展》，《经济学动态》2015 年第 8 期。

90. 孙刚：《1989 年中国旅游业发展及"6.4 风波"的影响》，《旅游调研》1990 年第 5 期。

91. 孙根年、舒镜镜、马丽君、王洁洁：《五大危机事件对美国出入境旅游的影响——基于本底线模型的高分辨率分析》，《地理科学进展》2010 年第 8 期。

92. 孙根年、周瑞娜、马丽君、王泰然：《2008 年五大事件对中国入境旅游的影响——基于本底趋势线模型高分辨率的分析》，《地理科学》2011 年第 12 期。

93. 孙根年：《我国境外旅游本底趋势线的建立及科学意义》，《地理科学》1998 年第 5 期。

94. 孙坚：《蹲低深思：疫情之下旅游企业如何生存》，《旅游学刊》2020 年第 8 期。

95. 孙魏魏、黎枫：《突发性旅游危机预警研究》，《北京信息科技大学学报》(自然科学版)2014 年第 2 期。

96. 孙玉环：《基于 SARIMA 模型的 SARS 对中国入境旅游收入影响的定量分析》，《旅游科学》2006 年第 1 期。

97. 唐弘久、张捷、谭如诗：《"5.12"大地震对四川省旅游业发展的影响特点》，《经济地理》2013 年第 3 期。

98. 唐弘久、张捷：《突发危机事件对游客感知可进入性的影响特征——以汶川"5.12"大地震前后九寨沟景区游客为例》，《地理科学进展》2013 年第 2 期。

99. 田里：《旅游经济学》(第三版)，高等教育出版社 2016 年版。

100. 田祥利、白凯：《旅游目的地突发事件对西藏入境旅游市场规模影响与政策响应》，《旅游学刊》2013 年第 3 期。

101. 汪德根、钱佳：《"创意旅游"时代的旅游规划体系创新思考》，

《旅游学刊》2014 年第 5 期。

    102. 汪侠、甄峰、吴小根:《旅游消费券效用差异及其成因分析》,《财经问题研究》2012 年第 8 期。

    103. 王芳:《国际旅游岛背景下的媒介事件应对与舆情引导》,《社会科学家》2015 年第 7 期。

    104. 王汉斌、李晓峰:《旅游危机预警的 BP 神经网络模型及应用》,《科技管理研究》2012 年第 24 期。

    105. 王佳、程实:《国际突发公共卫生事件研究热点与前沿的可视化分析》,《图书情报工作》2016 年 S1 期。

    106. 王金伟、王士君:《黑色旅游发展动力机制及"共生"模式研究——以汶川 8.0 级地震后的四川为例》,《经济地理》2010 年第 2 期。

    107. 王金伟、张赛茵:《灾害纪念地的黑色旅游者:动机、类型化及其差异——以北川地震遗址区为例》,《地理研究》2016 年第 8 期。

    108. 王克岭、李刚、徐颖:《旅游业灾后降敏的国际经验及启示——基于信息沟通的视角》,《企业经济》2020 年第 3 期。

    109. 王庆生、刘诗涵:《新冠肺炎疫情对国内游客旅游意愿与行为的影响》,《地域研究与开发》2020 年第 4 期。

    110. 王少华、王璐、王梦茵、王伟:《新冠肺炎疫情对河南省旅游业的冲击表征及影响机理研究》,《地域研究与开发》2020 年第 2 期。

    111. 王文慧:《中国旅游业就业潜力与空间开拓研究》,《商业时代》2010 年第 18 期。

    112. 王笑宇:《旅游消费在城市经济发展中的重要性分析》,《经济界》2013 年第 5 期。

    113. 王新刚、彭璐珞、周南:《企业品牌危机管理中的舍得行为研究》,《经济管理》2018 年第 11 期。

    114. 王亚辉、明庆忠、王峰:《基于品牌关系的旅游目的地品牌构建研究》,《资源开发与市场》2011 年第 7 期。

115. 王永明:《事故灾难类重大突发事件情景构建概念模型》,《中国安全生产科学技术》2016 年第 2 期。

116. 王元龙、苏志欣:《非典型肺炎疫情对中国经济的影响及对策》,《国际金融研究》2003 年第 6 期。

117. 王媛媛:《贵州省中小旅行社危机管理及其对策》,《中国商贸》2011 年第 20 期。

118. 王兆峰、刘红:《突发事件对旅游产业发展的影响研究》,《财经理论与实践》2012 年第 175 期。

119. 王铮、袁宇杰、熊文:《重大事件对上海市入境旅游需求的影响——基于 ADL 模型的分析》,《旅游学刊》2010 年第 4 期。

120. 魏倩、杨敬、王海鸿:《对旅游企业危机管理的一些思考》,《社会科学家》2007 年 S1 期。

121. 魏小安、曾博伟:《汶川地震后中国旅游形势分析与判断》,《旅游学刊》2008 年第 8 期。

122. 魏小安、付磊:《旅游业受"非典"影响情况分析及对几个相关问题的辨析》,《旅游学刊》2003 年第 4 期。

123. 魏宇:《慢旅游与云旅游的对接——新型自由行与半自由行旅游模式的构建》,《中国外资》2011 年第 16 期。

124. 吴令云、赵远东:《用时间序列模型分析突发事件对经济的影响》,《统计与决策》2004 年第 4 期。

125. 习近平:《决胜全面建成小康社会　夺取新时代中国特色社会主义伟大胜利——在中国共产党第十九次全国代表大会上的报告》,人民出版社 2017 年版。

126. 夏杰长、丰晓旭:《新冠肺炎疫情对旅游业的冲击与对策》,《中国流通经济》2020 年第 3 期。

127. 夏杰长、徐金海:《中国旅游业改革开放 40 年:回顾与展望》,《经济与管理研究》2018 年第 6 期。

128. 薛刚、孙根年:《2003 年 SARS 对国内旅游影响的后评价——基于本底趋势线的 31 个省、市、自治区客流量损失的估算》,《经济地理》2008 年第 6 期。

129. 严澍、揭筱纹:《供需视角下的非常规性旅游危机影响路径研究》,《贵州社会科学》2010 年第 5 期。

130. 严伟、严思平:《新冠疫情对旅游业发展的影响与应对策略》,《商业经济研究》2020 年第 11 期。

131. 杨振海、张永光、秦卫东、林伟:《数字时代的中国企业数据化管理》,《数理统计与管理》2003 年第 5 期。

132. 叶俊、廖靓:《危机的社会特征及其周期性》,《经济管理》2007 年第 5 期。

133. 尹贻梅、陆玉麒、邓祖涛:《旅游危机管理:构建目的地层面的动态框架》,《旅游科学》2005 年第 4 期。

134. 俞金国、王丽华:《后 SARS 时期中国入境旅游人数恢复评估——基于 ARIMA 模型》,《统计与决策》2005 年第 14 期。

135. 翟燕霞、石培华、陆明明:《新冠疫情对旅游业的影响与振兴路径》,《开放导报》2020 年第 5 期。

136. 张安乐、袁建华:《预约旅游:旅游消费新形式探索》,《旅游纵览(行业版)》2011 年第 2 期。

137. 张广瑞:《亚洲金融危机对中国国际旅游业的影响及其对策》,《财贸经济》1998 年第 5 期。

138. 张玲、陈军才:《干预模型在旅游需求预测中的运用》,《江苏商论》2007 年第 5 期。

139. 张露萍:《"高质低密"成为旅游业发展新常态》,《人民论坛》2020 年第 22 期。

140. 张琪:《突发性自然灾害对旅游目的地影响机制研究》,《灾害学》2019 年第 3 期。

141. 张薇、史坤博、杨永春、秦兆祥、邵蕊:《网络舆情危机下旅游形象感知的变化及对出游意向的影响——以青岛"天价虾事件"为例》,《人文地理》2019 年第 4 期。

142. 张霞、薛耀文:《全球重大突发事件规律研究》,《灾害学》2015 年第 3 期。

143. 张骁鸣、戴光全、保继刚:《从事件旅游角度对 SARS 进行"后危机管理"研究》,《旅游学刊》2003 年第 4 期。

144. 张晓鹏、朱晓宇、刘则渊:《国际公共危机管理研究的文献计量学分析》,《科学学与科学技术管理》2011 年第 3 期。

145. 张玉玲、张捷、马金海、孙景荣:《中国入境旅游业对危机事件响应的区域差异研究》,《经济地理》2012 年第 11 期。

146. 章小平、任佩瑜、邓贵平:《论旅游景区危机管理模型的构建》,《财贸经济》2010 年第 2 期。

147. 赵剑波、史丹、邓洲:《高质量发展的内涵研究》,《经济与管理研究》2019 年第 11 期。

148. 赵军锋:《重大突发公共事件的政府协调治理研究》,博士学位论文,苏州大学,2014 年。

149. 赵蜀蓉、张红:《震后四川旅游危机管理中的政府角色定位》,《中国行政管理》2010 年第 6 期。

150. 赵吟清:《调整经营战略 实施内外结合 挖掘旅游客源 提高服务品质——亚洲金融危机对福建省旅游业的影响和对策》,《东南学术》1998 年第 4 期。

151. 赵媛媛:《金融危机对中国旅游业的影响及对策分析》,《中国商贸》2010 年第 2 期。

152. 郑斌斌:《零售数字化时代门店创造力的影响因素研究》,《商业经济研究》2019 年第 5 期。

153. 郑向敏、殷炜琳:《旅游者安全价值评价——以山东长岛为例》,

《地理研究》2010 年第 3 期。

154. 钟栎娜:《2.5 天休假制度能刺激文旅消费吗?》,《小康》2020 年第 13 期。

155. 周刚、张嘉琦:《基于旅游动机的老年旅游市场细分研究》,《资源开发与市场》2015 年第 12 期。

156. 周娟、马勇:《旅游危机管理系统机制分析与战略对策研究——以长江三峡旅游发展为例》,《桂林旅游高等专科学校学报》2005 年第 1 期。

157. 周玲强:《亚洲金融危机对我国国际旅游业的影响及对策研究》,《浙江大学学报》(人文社会科学版)1999 年第 1 期。

158. 周晓琴、明庆忠、陈建波:《山地健康旅游产品体系研究》,《资源开发与市场》2017 年第 6 期。

159. 朱明芳、刘思敏:《TRAMO /SEATS 在危机事件中对旅游影响研究的应用》,《旅游学刊》2007 年第 6 期。

160. 朱正威:《中国应急管理 70 年:从防灾减灾到韧性治理》,《国家治理》2019 年第 36 期。

二、外文著作

1. Abraham Pizam, "Tourism and Terrorism", *International Journal of Hospitality Management*, Vol.21, No.1, 2002, pp.1-3.

2. Anderson B.A., "Crisis Management in the Australian Tourism Industry: Preparedness, Personnel and Postscript", *Tourism Management*, Vol.27, No.6, 2006, pp.1290-1297.

3. Ashlin A., Ladle R. J., "Natural disasters" and newspapers: Posttsunami environmental discourse", *Environmental Hazards*, Vol.7, No.4, 2007, pp.330-341.

4. Avraham E., "Destination image repair during crisis: Attracting

tourism during the Arab Spring uprisings", *Tourism management*, Vol. 47, 2015, pp.224-232.

5. Elisa Backer, Brent W. Ritchie, "VFR Travel: A Viable Market for Tourism Crisis and Disaster Recovery?", *International Journal of Tourism Research*, Vol.19, No.4, 2017.

6. Baxter E., Bowen D., "Anatomy of tourism crisis: Explaining the effects on tourism of the UK foot and mouth disease epidemics of 1967-68 and 2001 with special reference to media portrayal", *International Journal of Tourism Research*, Vol.6, No.4, 2004, pp.263-273.

7. Becken S., Hughey K.F.D., "Linking tourism into emergency management structures to enhance disaster risk reduction", *Tourism management*, Vol. 36, 2013, pp.77-85.

8. Beirman, David, "Safety and security in tourism-recovery marketing after crises", *Journal of Policy Research in Tourism Leisure & Events*, Vol.8, No.1, 2015, pp.7-8.

9. Blackman, Deborah, Ritchie, Brent W., "Tourism Crisis Management and Organizational Learning: The Role of Reflection in Developing Effective DMO Crisis Strategies", *Journal of Travel & Tourism Marketing*, Vol.23, No. 2-4, 2007, pp.45-57.

10. Borchert I., Mattoo A., "The crisis-resilience of services trade", The World Bank, 2009.

11. Box G. E. P., et al., "Intervention analysis with applications to economic and enviromental problems", *Journal of the American Statistical Association*, Vol.70, 1975, pp.70-79.

12. Bradshaw S., "Handbook for estimating the socio-economic and environmental effects of disasters", 2003.

13. Brent W. Ritchie, Humphrey Dorrell, Daniela Miller, Graham A.

Miller, "Crisis Communication and Recovery for the Tourism Industry", *Journal of Travel & Tourism Marketing*, Vol.15, No.2-3, 2004.

14. Bruce P., Eric L., Bill F., "Events in Indonesia: exploring the limits to formal tourism trends forecasting methods in complex crisis situations", *Tourism Management*, Vol.24, No.4, 2003, pp.475-487.

15. Calgaro E., Lloyd K., "Sun, Sea, Sand and Tsunami: Examining disaster vulnerability in the tourism community of Khao Lak, Thailand", *Singapore Journal of Tropical Geography*, Vol.29, No.3, 2008, pp.288-306.

16. Chu, FongLin, "Forecasting tourism demand in asianS-pacific countries", *Annals of Tourism Research*, Vol.25, No.3, 1998, pp.597-615.

17. Cioccio L., Michael E., "Hazard or disaster: Tourism management for the inevitable in Northeast Victoria", *Tourism Management*, Vol. 28, No. 1, 2007, pp.1-11.

18. Coombs W.T., "Ongoing crisis communication: Planning, managing, and responding", Sage Publications, 2014.

19. Cooper, Malcolm, "Japanese Tourism and the SARS Epidemic of 2003", *Journal of Travel & Tourism Marketing*, Vol. 19, No. 2 - 3, 2005, pp. 117-131.

20. Cushnahan, Gavan, "Crisis Management in Small-Scale Tourism", *Journal of Travel & Tourism Marketing*, Vol.15, No.4, 2004, pp.323-338.

21. Dixon P.B., Lee B., Muehlenbeck T., et al, "Effects on the US of an H1N1 epidemic: analysis with a quarterly CGE model", *Journal of Homeland Security and Emergency Management*, Vol.7, No.1, 2010.

22. E. Laws, B. Prideaux, "Crisis management: A suggested typology", *Journal of Travel & Tourism Marketing*, Vol.19, No.23, 2005, pp.1-8.

23. Eugenio-Martin J. L., Campos-Soria J. A., "Economic crisis and tourism expenditure cutback decision", *Annals of Tourism Research*, Vol.44,

2014, pp.53-73.

24. Faulkner B., "Towards a Framework for Tourism Disaster Management", Tourism Management, Vol.22, No.2, 2001, pp.135-147.

25. Faulkner B., Vikulov S., "Katherine, Washed out one day, Back on track the next: a post-mortem of a tourism disaster", *Tourism Management*, Vol.22, No.4, 2001, pp.331-344.

26. Fink S., American Management Association, "Crisis management: Planning for the inevitable", Amacom, 1986.

27. Galea S., Ahern J., Resnick H., et al., "Psychological Sequelae of the September 11 Terrorist Attacks in New York City", *New England Journal of Medicine*, Vol.346, No.13, 2002, pp.982-987.

28. Gartner, W.C. and Shen, J., "The impact of Tiananmen Square on China's Tourism image", *Journal of research*, Vol.30, No.4, 1992, pp.47-52.

29. Ghaderi Z., Som A.P.M., Wang J., "Organizational Learning in Tourism Crisis Management: An Experience From Malaysia", *Journal of Travel & Tourism Marketing*, Vol.31, No.5, 2014, pp.627-648.

30. Goh C., Law R., "Modeling and forecasting tourism demand for arrivals with stochastic nonstationary seasonality and intervention", *Tourism Management*, Vol.23, No.5, 2002, pp.499-510.

31. Goodrich J.S., "September11, 2001 attacks on America: a record of the immediate impacts and reactions in the USA travel and tourism industry", *Tourism Management*, Vol.23, 2002, pp.573-580.

32. Henderson J.C., "Corporate social responsibility and tourism: Hotel companies in Phuket, Thailand, after the Indian Ocean tsunami", *International Journal of Hospitality Management*, Vol.26, No.1, 2007, pp.228-239.

33. Holling C. S., "Engineering Resilience Versus Ecological Resilience", Washington: DC, National Academy Press, 1996.

34. Holling C. S. , " Resilience and Stability of Ecological Systems ", *Annual Review of Ecological Systems* , No.4 , 1973 , pp.1-23.

35. Holzner M. , " Tourism and economic development : The beach disease?" , *Tourism Management* , Vol.32 , No.4 , 2011 , pp.922-933.

36. Hystad P. W. , Keller P. C. , " Towards a destination tourism disaster management framework : Long-term lessons from a forest fire disaster" , *Tourism Management* , Vol.29 , No.1 , 2008 , pp.151-162.

37. Jack C.Carlsen , Janne J. , "Liburd.Developing a Research Agenda for Tourism Crisis Management , Market Recovery and Communications" , *Journal of Travel & Tourism Marketing* , Vol.23 , 2008 , pp.2-4.

38. Johannesson G.T. , Huijbens E.H. , "Tourism in times of crisis : Exploring the discourse of tourism development in Iceland", *Current Issues in Tourism* , Vol.13 , No.5 , 2010 , pp.419-434.

39. K.Campiranon , N. , " Scott Critical success factors for crisis recovery management : A case study of Phuket hotels", *Journal of Travel & Tourism Marketing* , Vol.31 , No.3 , 2014 , pp.313-326.

40. Khan , H. , "Asian contagion : Impact on Singapore tourism" , *Annals of Tourism Research* , Vol.28 , No.1 , 2001 , pp.224-226.

41. Laurence Barton , " Crisis Management : Preparing for and Managing Disasters" , *Cornell Hospitality Quarterly* , Vol.35 , No.2 , 1994 , pp.59-65.

42. Liu A. , Pratt S. , " Tourism's vulnerability and resilience to terrorism" , *Tourism Management* , Vol.60 , 2017 , pp.404-417.

43. Miller, Graham A. , Ritchie, Brent W. , " A Farming Crisis or a Tourism Disaster? An Analysis of the Foot and Mouth Disease in the UK", *Current Issues in Tourism* , Vol.6 , No.2 , 2003.

44. Minkyung Park , Patricia A. , "Stokowski.Social disruption theory and crime in rural communities : Comparisons across three levels of tourism

growth", *Tourism Management*, No.24, 2009, pp.1-11.

45. Okumus F., Altinay M., Arasli H., "The impact of Turkey's economic crisis of February 2001 on the Tourism Industry in Northern Cyprus", *Tourism Management*, Vol.26, No.1, 2005, pp.95-104.

46. Orchiston C., Higham J.E.S., "Knowledge management and tourism recovery(de)marketing: the Christchurch earthquakes 2010-2011", *Current Issues in Tourism*, Vol.19, No.1, 2016, pp.64-84.

47. Page S., Song H., Wu D.C., "Assessing the Impacts of the Global Economic Crisis and Swine Flu on Inbound Tourism Demand in the United Kingdom", *Journal of Travel Research*, Vol.51, No.2, 2012, pp.142-153.

48. Papatheodorou A., Rosselló J., Xiao, H., "Global Economic Crisis and Tourism: Consequences and Perspectives", *Journal Of Travel Research*, Vol.49, No.1, 2010, pp.39-45.

49. Peters M., Pikkemaat B., "Crisis Management in Alpine Winter Sports Resorts—The 1999 Avalanche Disaster in Tyrol", *Journal of Travel & Tourism Marketing*, Vol.19, No.2-3, 2005, pp.9-20.

50. Ritchie B.W., "Chaos, Crises and Disasters: A Strategic Approach to Crisis Management inthe Tourism Industry", *Tourism Management*, Vol.25, No.6, 2004, pp.669-683.

51. Ritchie J.R.B., Molinar C.M.A., Frechtling D.C., "Impacts of the World Recession and Economic Crisis on Tourism: North America", *Journal of Travel Research*, Vol.49, No.1, 2010, pp.5-15.

52. Saha S., Yap G., "The Moderation Effects of Political Instability and Terrorism on Tourism Development: A Cross-Country Panel Analysis", *Journal of Travel Research*, Vol.53, No.4, 2014, pp.509-521.

53. Smeral E., "Impacts of the World Recession and Economic Crisis on Tourism: Forecasts and Potential Risks", *Journal of Travel Research*, Vol.49,

No.1,2010,pp.31-38.

54. Song H., Lin S., "Impacts of the financial and economic crisis on tourism in Asia", *Journal of Travel Research*, Vol.49, No.1, 2010, pp.16-30.

55. Tsai C., Chen C., "The establishment of a rapid natural disaster risk assessment for the tourism industry", *Tourism Management*, Vol. 32, No. 1, 2011, pp.158-171.

56. Zeng B., Carter R. W., De Lacy T., "Short-term perturbations and tourism effects: The case of SARS in China", *Current Issues in Tourism*, Vol.8, No.4, 2005, pp.306-322.

附录 新冠肺炎疫情背景下
旅游消费调查问卷

目前,国内疫情防控形势积极向好,在春暖花开的时节,旅游业已逐步进入解冻期。云南大学旅游管理课题小组发布此问卷,想要了解您的旅游意愿,尝试探索新冠肺炎疫情背景下的旅游消费行为特征。本问卷是匿名填写,调查只用于科学研究,我们将对您的作答结果严格保密,非常感谢您的支持!

1.疫情后,您有出游的打算。[单选题]

○很赞同　○赞同　○不一定　○不赞同　○很不赞同

2.如果疫情后出游,您的主要目的是?[排序题,在括号内依次填入数字]

[　]山水观光[　]休闲娱乐[　]探亲访友[　]商务[　]度假

[　]健康疗养、强身健体[　]探险[　]其他

3.如果疫情后出游,您会去哪里旅游?[多选题]

□近郊游□省市内周边游□国内跨省市旅游□港澳台旅游□出国旅游

4.请您选择以下对出游时间描述的赞同程度。[矩阵单选题]

	很不赞同	不赞同	不一定	赞同	很赞同
2020 年 1—3 月期间,我已出游过或考虑出游					
2020 年 4—6 月期间,如五一节、端午节,我会考虑出游					
2020 年 7—9 月期间,如暑期长假,我会考虑出游					
2020 年 10—12 月期间,如十一黄金周,我会考虑出游					

5. 请您选择以下对出游天数描述的赞同程度。[矩阵单选题]

	很不赞同	不赞同	不一定	赞同	很赞同
如果出游,我会考虑选择当天往返					
如果出游,我会考虑选择 2—7 日内往返					
如果出游,我会考虑选择一周以上一个月以内往返					
如果出游,我会考虑选择一个月以上往返					

6. 请您选择对以下描述的赞同程度。[矩阵单选题]

	很不赞同	不赞同	不一定	赞同	很赞同
我会对旅游信息的准确性产生怀疑					
我为没有及时有效的旅游信息获取渠道感到困扰					
我会有意避开人较多的场所,如交通站、热门景点等					
我会优先选择旅行社、景区、酒店的在线自助服务					

续表

	很不赞同	不赞同	不一定	赞同	很赞同
我会优先选择"小聚集、大空间"的户外生态旅游地					
我会选择有利于强身健体、健康疗养的体育旅游和康养旅游项目					

7. 请您选择对以下描述的赞同程度。[矩阵单选题]

	很不赞同	不赞同	不一定	赞同	很赞同
疫情后出游,我有比平时更多的消费欲望					
疫情后出游,我会适当提高出游的人均预算					
我会优先选择自由行,减少和陌生人的接触					
我会减少乘坐公共交通,选择自驾的旅游交通方式					
我会比以前更加注重饮食安全					
我愿意花多点的钱入住消毒到位、卫生有保障的酒店					

8. 请您选择对以下描述的赞同程度。[矩阵单选题]

	很不赞同	不赞同	不一定	赞同	很赞同
我认为,疫情后的一场说走就走的旅行让人羡慕					
我认为,疫情后出游可以展现不同的自我					
我认为,疫情后出游可以舒缓压力、平复心情					

续表

	很不赞同	不赞同	不一定	赞同	很赞同
我认为,疫情后出游可以让人调整状态、重振精神					

9. 请您选择对以下描述的赞同程度。[矩阵单选题]

	很不赞同	不赞同	不一定	赞同	很赞同
宅家期间,我因出游计划被打乱感到沮丧					
宅家期间,我已在提前计划着旅游活动					
我认为,旅游可以给人自由自在的感觉					
我认为,出游是补偿疫情期间不出门的好办法					

10. 请您选择对以下描述的赞同程度。[矩阵单选题]

	很不赞同	不赞同	不一定	赞同	很赞同
我认为,疫情让人失去了与社会的部分联系					
我认为,通过旅游可以恢复、增加与他人的联系					
疫情后,我想和家人、朋友一起出游					
疫情后,我想和同事、同学结伴出游					

11. 请您选择对以下描述的赞同程度。［矩阵单选题］

	很不赞同	不赞同	不一定	赞同	很赞同
我认为,旅游已是生活中不可缺少的部分					
疫情后出游,我会思虑再三、犹豫不决					
疫情后出不出游,我乐意听取家人朋友的意见					
疫情后出游,我会更加关注健康、安全、卫生					

12. 请您选择对以下描述的赞同程度。［矩阵单选题］

	很不赞同	不赞同	不一定	赞同	很赞同
我担心,疫情后没有闲暇时间出游					
我担心,出游会增加疫情防控的负担					
我担心,出游会增加感染新冠肺炎的风险					
我担心,出游计划被疫情相关的突发状况打乱					

13. 您的性别:［单选题］

○男　○女

14. 您的年龄段:［单选题］

○18 岁以下 ○18 — 25 岁 ○26 — 30 岁 ○31 — 40 岁 ○41 — 50 岁 ○51 — 60 岁 ○60 岁以上

15.您所接受的最高教育程度:[单选题]

○初中及以下○高中或中专○大专或本科○硕士及以上

16.您的城乡类型:[单选题]

○城镇居民○乡村居民

17.您的职业:[单选题]

○普通职员○教师○公务员○学生○个体工商经营者○专业技术人员(如会计师、律师、医护人员、记者等)○企业管理者○自由职业者○其他

18.您的月收入:[单选题]

○无收入○1000元及以下○1001-3000元○3001-5000元○5001-8000元○8001-10000元○10000以上

19.请选择您所在的城市:[填空题]

责任编辑：李源正
封面设计：胡欣欣
责任校对：张　彦

图书在版编目（CIP）数据

旅游业应对新冠肺炎疫情影响研究/田卫民，张鹏杨 著. —北京：人民
　出版社，2022.6
ISBN 978 - 7 - 01 - 024794 - 6

Ⅰ.①旅…　Ⅱ.①田…②张…　Ⅲ.①新型冠状病毒肺炎-影响-旅游业
　发展-研究-中国　Ⅳ.①F592.3

中国版本图书馆 CIP 数据核字（2022）第 088133 号

旅游业应对新冠肺炎疫情影响研究
LÜYOUYE YINGDUI XINGUANFEIYAN YIQING YINGXIANG YANJIU

田卫民　　张鹏杨　著

人民出版社 出版发行
（100706　北京市东城区隆福寺街 99 号）

北京九州迅驰传媒文化有限公司印刷　新华书店经销

2022 年 6 月第 1 版　2022 年 6 月北京第 1 次印刷
开本：710 毫米×1000 毫米 1/16　印张：14
字数：185 千字

ISBN 978 - 7 - 01 - 024794 - 6　定价：58.00 元

邮购地址 100706　北京市东城区隆福寺街 99 号
人民东方图书销售中心　电话（010）65250042　65289539